AF649487

Richard Litzinger

Schnitzen mit der Kettensäge ganz leicht

stv

Richard Litzinger

SCHNITZEN MIT DER KETTENSÄGE

GANZ LEICHT

GRUNDLAGEN – SICHERHEIT – PROJEKTE

Umschlaggestaltung: Werbeagentur Rypka GmbH, A-8143 Dobl/Graz
Umschlagbild Vorderseite: Michael Hörhager;
Umschlagbilder Rückseite: Gabi Litzinger: Bild 1, 3 und 4; Michael Hörhager: Bild 2 und 5.
Bildnachweis: Alle Fotos, so nicht anders ausgezeichnet, wurden dankenswerterweise von Gabi Litzinger fotografiert.

Bibliographische Information der Deutschen Nationalbibliothek
Die Deutsche Nationalbibliothek verzeichnet diese Publikation in der Deutschen Nationalbibliographie; detaillierte bibliographische Daten sind im Internet über http://dnb.d-nb.de abrufbar.

Der Inhalt des Buches wurde vom Autor und vom Verlag nach bestem Wissen überprüft; eine Garantie kann jedoch nicht übernommen werden. Die juristische Haftung ist daher ausgeschlossen.

Hinweis:
Dieses Buch wurde auf chlorfrei gebleichtem Papier gedruckt. Die zum Schutz vor Verschmutzung verwendete Einschweißfolie ist aus Polyethylen chlor- und schwefelfrei hergestellt. Diese umweltfreundliche Folie verhält sich grundwasserneutral, ist voll recyclingfähig und verbrennt in Müllverbrennungsanlagen völlig ungiftig.

Auf Wunsch senden wir Ihnen gerne kostenlos unser Verlagsverzeichnis zu:
Leopold Stocker Verlag GmbH
Hofgasse 5 / Postfach 438
A-8011 Graz
Tel.: +43 (0)316/82 16 36
Fax: +43 (0)316/83 56 12
E-Mail: stocker-verlag@stocker-verlag.com
www.stocker-verlag.com

ISBN 978-3-7020-2250-1

Alle Rechte der Verbreitung, auch durch Film, Funk und Fernsehen, fotomechanische Wiedergabe, Tonträger jeder Art, auszugsweisen Nachdruck oder Einspeicherung und Rückgewinnung in Datenverarbeitungsanlagen aller Art, sind vorbehalten.

© Copyright by Leopold Stocker Verlag, Graz 2024

Layout und Repro: Werbeagentur Rypka GmbH,
8143 Dobl/Graz, www.rypka.at

Fragen, Wünsche oder Anregungen? Kontaktieren Sie uns!

www.stocker-verlag.com/schnitzen-mit-der-kettensaege-feedback/

Hier finden Sie auch weitere Informationen über unser Programm und können sich für unseren Newsletter anmelden.

INHALT

VERSCHIEDENE WEITERFÜHRENDE PROJEKTIDEEN

EINLEITUNG

ÜBER DEN AUTOR

Mein Name ist Richard Litzinger aus dem malerischen Bayern, besser bekannt unter dem Künstlernamen Ritsche-Ratsch[1]. Seit 2010 schnitze ich mit der Kettensäge.

Ich gebe Schnitzkurse für Anfänger und nehme Auftragsarbeiten an. Ebenso zählen Baumstumpf-Verschönerungen und Schauschnitzen bei diversen Events zu meinen Tätigkeiten.

Mein Hauptberuf ist der eines Werkzeugmachermeisters, den ich mittlerweile nur noch in Teilzeit ausübe. Den Rest meiner Zeit widme ich dem Schnitzen. Wenn man teilweise auf hundertstel Millimeter genau arbeiten muss, braucht man einen Ausgleich. Was gibt es da Schöneres als eine grobe Kettensäge?

Kettensägenschnitzen hat ein bisschen etwas von Motorsport: Es ist laut, es stinkt nach Benzin und es geht schnell. Ja, ich gebe zu, es ist vielleicht auch ein bisschen gefährlich – aber nur, wenn man zwei linke Hände hat.

Mein Motto lautet immer: „Einfach mal rein ins Volle." Traut Euch. „Wenn es nichts wird, wird es halt Brennholz." Allerdings muss man dann auch wieder dagegenhalten und sagen: „Was einmal weggesägt ist, kommt nicht zurück – Flexibilität ist der Schlüssel zum Schnitz-Glück."

Schnitzen mit der Kettensäge ist definitiv ein Mix aus künstlerischem Talent und handwerklichen Fähigkeiten. Es ist von Vorteil, ein wenig von beidem zu haben.

[1] https://ritsche-ratsch.jimdofree.com/ vom 20. Jänner 2024

MEILENSTEINE IN DER GESCHICHTE DER KETTENSÄGEN- UND CARVING-SCHIENEN

Der Ursprung der Kettensäge liegt weit zurück im späten 18. Jahrhundert. Ursprünglich diente diese jedoch nicht der Holzbearbeitung, sondern hatte ihre Anwendung im medizinischen Sektor, speziell in der Knochenchirurgie. Die Vorläufer der modernen Kettensägen wurden bereits **1785** von den schottischen Ärzten John Aitken und James Jeffray[2] entwickelt. Diese handbetriebene Säge mit einer kettenartigen Struktur war für chirurgische Eingriffe konzipiert und markiert den Beginn der Entstehungsgeschichte heutiger Kettensägen.

Wichtige Meilensteine in der Geschichte der Kettensägen, insbesondere im Kontext der Holzbearbeitung, lassen sich anhand von Unternehmen, wie Stihl – einem der führenden Hersteller von Motorsägen – sowie Grube Forstausstatter und Cannon, einem Sägeschienen-Hersteller aus Kanada, belegen. Diese Akteure hatten beträchtlichen Einfluss auf die Entwicklung der Technik des Kettensägenschnitzens (Carving).

Stihl Contra aus dem Jahre 1959

1926 wurde die Firma Stihl in Deutschland gegründet, die noch im selben Jahr die erste Motorsäge, bekannt als „Baumfällmaschine Typ A[3]", verkaufte, welche allerdings aufgrund ihres Gewichts mit 46 kg von mehreren Männern bedient werden musste.

1929 stellte Stihl die „Baumfällmaschine Typ B[4]" vor – die weltweit erste tragbare Motorsäge.

1955 folgte die Gründung der Firma Cannon Bars Ltd. in Kanada, die später wesentlich zur Entwicklung der Carving-Schienen beitragen sollte.

1959 brachte Stihl die Contra auf den Markt, eine Hochleistungssäge mit höherer Kettengeschwindigkeit, die leichter und leistungsstärker war und bereits den modernen Motorsägen sehr nahekam.

Ab 1972 gab es bei Stihl zahlreiche technische Neuerungen, wie Elektrische Zündung, Katalysator zur Reduzierung der Abgasemissionen, Kettenbremse, Vibrationsdämpfung usw.

1995 begann Canon Bars Ltd. mit der Produktion der ersten Carving-Schienen[5] in Canada. Deswegen beginnt hier die Zeit des Schnitzens mit den Kettensägen.

1997 wurden die ersten Canon Carving-Schienen nach Europa exportiert.[6]

[2] https://www.kugener.com/de/humanmedizin-fr/chirurgie/50-artikel/2775-gigli-saege-alt.html vom 18. April 2024

[3] https://de.wikipedia.org/wiki/Stihl vom 18. April 2024

[4] https://de.wikipedia.org/wiki/Kettens%C3%A4ge vom 18. März 2024

[5] laut persönlicher Recherchen mit der Firma Cannon Bars Ltd. Herr Bill Challenger vom 3. April 2024

[6] laut persönlicher Recherchen mit der Firma Cannon Bars Ltd. Herr Bill Challenger vom 3. April 2024

1998 nahm Andreas Martin[7] aus Sachsen, Deutschland, späterer Initiator des Huskycups[8], das Schnitzen mit der Kettensäge auf.

2003 wurden die Carving-Schienen von Canon Ltd. erstmals im Katalog von Grube Forstausstatter gelistet.[9]

2004 wurde der Huskycup in Blockhausen, Sachsen, ins Leben gerufen. Dieses Event ist mittlerweile eines der größten internationalen Schnitzevents, das jedes Jahr an Pfingsten stattfindet und bei dem sowohl Großfiguren als auch Speedcarving-Wettbewerbe präsentiert werden. Initiator war Andreas Martin, auch bekannt als der „Sauensäger"[10].

2008 erschienen erstmals Carving-Schienen im Stihl-Produktkatalog.[11]

2009 führte Stihl die ersten Akkusägen ein.

2012 begann Stihl mit der Eigenproduktion von Carving-Schienen.[12]

Diese zeitliche Übersicht verdeutlicht, wie sich die Kettensägen-Technologie kontinuierlich weiterentwickelt hat und wie spezielle Carving-Schienen das Schnitzen revolutioniert haben. Aus der Tatsache, dass die ersten Carving-Schienen in Kanada produziert wurden, lässt sich vermuten, dass die Kunst des Kettensägenschnitzens in Nordamerika ihren Ursprung haben muss.

7 https://de.wikipedia.org/wiki/Andreas_Martin_(Schnitzer) vom 18. April 2024

8 https://de.wikipedia.org/wiki/Blockhausen vom 18. April 2024

9 laut persönlicher Recherchen mit der Firma Grube Forstausstatter, Herr Götze B., 18. März 2024

10 https://de.wikipedia.org/wiki/Blockhausen vom 18. April 2024

11 laut persönlicher Recherchen mit der Firma Stihl, Herr Altmannshofer, 1. März 2024 über WhatsApp

12 laut persönlicher Recherchen mit der Firma Stihl, Herr Altmannshofer, 1. März 2024 über WhatsApp

THEORIE UND VORBEREITUNG

SCHNITZPLATZ

Das Betreiben einer Kettensäge in einem dicht bebauten Wohngebiet, wie einer Reihenhaussiedlung, kann an Wochenenden zu einem Störfaktor für die Nachbarschaft werden. Auch wenn ich selbst nicht in einer solchen Siedlung wohne, lebe ich dennoch in einer Region mit dicht besiedelter Umgebung. Daher überlege ich stets, ob es mir gefallen würde, falls mein Nachbar in seinem Garten regelmäßig Holzarbeiten mit einer Kettensäge durchführen würde – wahrscheinlich wäre das nicht der Fall. Aus diesem Grund begab ich mich auf die Suche nach einem geeigneten, **abgelegenen Ort** für mein Hobby, an dem Lärm weniger problematisch ist.

Glücklicherweise fand ich einen Bauernhof in der Nähe, der dafür perfekt geeignet war. Dieser neue Platz bietet mir nicht nur **Schutz vor dem Wetter** durch seine Überdachung, wodurch ich unabhängig von den Witterungsbedingungen arbeiten kann, sondern es ist auch genügend Platz vorhanden, um einen **Holzlagerplatz** einzurichten. Zusätzlich steht der Bauer bereit, mir gelegentlich mit seinem Radlader oder Gabelstapler beim Bewegen besonders schwerer Stücke zu helfen. Durch diese ideale Lösung kann ich meiner Kreativität freien Lauf lassen, ohne die Ruhe der Nachbarschaft zu stören, und gleichzeitig von der großzügigen Unterstützung und den gebotenen Ressourcen profitieren.

AUSWAHL DES HOLZES

Bei der Auswahl des Holzes für Schnitzarbeiten kann grundsätzlich jedes Holz verwendet werden, unabhängig davon, ob es sich um **Weich- oder Hartholz** handelt. Die Säge ist mit einer Kette und ausreichend Zähnen bestückt und bietet genügend Leistung. Somit ist kein übermäßiger Kraftaufwand vonnöten – das übernimmt die Maschine.

Dennoch ist die Frische des Holzes von entscheidender Bedeutung. Es sollte nicht länger als zwei bis drei Jahre ungeschützt im Freien gelagert worden sein, idealerweise als vier Meter lange Stammware. Frisches Holz neigt naturgemäß zu weniger Rissen.

Diese Verfahrensweise entspricht jener in Sägewerken, die ebenfalls frisch geschlagene Baumstämme zu Brettern verarbeiten und erst nach dem Aufsägen trocknen lassen. Das Prinzip gilt gleichfalls für Kettensägenschnitzer: Das frische Holz wird bearbeitet und danach gelagert bzw. getrocknet.

Es existieren verschiedene Methoden, um Holz länger frisch zu halten bzw. mit minimalen Trockenrissen lange zu lagern:

1. **Eintauchen** in einen eigenen Teich oder See, was aber nur für die wenigsten eine Option ist.

2. **Besprenkeln mit Wasser**, eine Methode, die man ab und zu bei Sägewerken sieht, die jedoch für mich kostspielig und unpraktikabel ist.
3. **Auftragen von Wertholz-Versiegelungswachs**[13] an den Stirnseiten, was ebenfalls eine teure Maßnahme ist. Hier wird das schnelle Entweichen des Wassers aus dem Holz verhindert.

Bezüglich der Holzauswahl gibt es allerdings sehr wohl dringliche Aspekte, die man beachten sollte. Da ich in der Regel große Skulpturen schnitze und diese draußen aufstelle, verwende ich Holz, das von Natur aus witterungsbeständig ist.

Hier eine Liste der Holzarten in Bezug auf ihre Eignung der Witterungsbeständigkeit:

Überlebenskünstler Weide

Ausgezeichnet

- Eiche
- Lärche
- Ulme

In Bayern kommen hierfür in der Praxis eigentlich nur zwei Holzarten in Frage: **Eiche und Lärche.**

Eiche ist ein sehr hartes Holz und eignet sich hervorragend, um feine Details herauszuarbeiten. Eine besondere Eigenschaft dieses robusten Holzes ist sein hoher Gehalt an Gerbsäure (Tanninen). Bei häufigem Kontakt ohne Schutzhandschuhe kann diese Gerbsäure zu einer dunklen Verfärbung der Haut führen. Diese Verfärbung ist jedoch unbedenklich und stellt keine gesundheitliche Gefahr dar. (Genau, schmutzige Hände sind halt das Zeichen ehrlicher Arbeit.)

Lärche hingegen ist ein langfaseriges Holz, welches nicht ganz so gut für feine Details geeignet ist und oftmals Harzeinschlüsse aufweist. Es hat aber eine interessante rötliche Färbung und eine sehr schöne Maserung. (Tipp: Harz lässt sich übrigens ganz einfach von der Haut entfernen. Einfach ein Stück Butter auf der betroffenen Stelle verreiben und dann mit Seife abwaschen, fertig.)

Beide Holzarten sind, wie eben erwähnt, äußerst witterungsbeständig. Hierbei ist jedoch zu beachten, dass lediglich das Kernholz diese Eigenschaften aufweist. Der Splint sollte daher entfernt werden, was im nachfolgenden Kapitel näher erläutert wird.

Ulme ist ein sehr schönes, aber mittlerweile seltenes Holz. Der Baum war stark von der Ulmenkrankheit betroffen, einer Pilzkrankheit, die zu einem massiven Rückgang der Population in Europa und Nordamerika geführt hat.

Gut

- Robinie
- Schwarzkiefer
- Mammutbaum
- Thuja
- Eibe

[13] https://w.grube.de/p/anchorseal-wertholzwachs-bis-12-c/P11-300-01/?articleNo=11-300-01&em_src=kw&em_cmp=google/shopping&gad_source=1 vom 18. April 2024

- Hemlocktanne
- Wacholder
- Zeder ...

Akzeptabel
- Kiefer
- Fichte
- Weißtanne
- Douglasie
- Weymouthskiefer
- Roteiche
- Esche
- Kirsche
- Walnuss
- Obstbäume
- Pappel

Nicht geeignet
- Buche (verstockt[14] oft von selbst)
- Hainbuche
- Ahorn
- Birke
- Rosskastanie
- Weide (bei diesem Überlebenskünstler kann es passieren, dass er wieder überall austreibt, wo noch Rinde vorhanden ist)
- Linde (bestens geeignet zum Messerschnitzen, da sie sehr weich ist, sie neigt jedoch ebenfalls zum raschen Pilzbefall bzw. Verstocken)

Für Skulpturen, die im Innenbereich aufgestellt werden, spielt die Witterungsbeständigkeit keine Rolle und es können alle Holzarten verwendet werden.

ENTSPLINTEN

Was ist ein Splint?

Der Splint ist der äußere Bereich des Baumstammes, der direkt unter der Rinde liegt. Er besteht aus dem lebenden Holzgewebe des Baumes, das für den Transport von Wasser und Nährstoffen zuständig ist. Der Splint zeichnet sich besonders bei Baumarten, wie der Lärche und der Eiche, durch eine deutliche Abgrenzung zum Kernholz aus und ist oft heller gefärbt. Doch genau diese Eigenschaften machen das Splintholz anfälliger gegenüber Pilzbefall und Wettereinflüssen – es kann deutlich schneller faulen.

Splintholz entfernen

Beim Kettensägenschnitzen, besonders, wenn man große Skulpturen für den Außenbereich fertigt, ist es daher wichtig, das Splintholz von Beginn an zu entfernen. Obwohl dadurch etwa 5 bis 10 Prozent des Stammes verlorengehen, lohnt sich dieser Schritt, denn genau dadurch zeichnet sich eben ein guter Schnitzer aus.

Im weiteren Verlauf des Buches wird dieses Thema aus der Praxisperspektive noch eingehender behandelt (siehe Seite 37, Kapitel „Uhu entsplinten“).

[14] Verstockung ist ein Prozess, bei dem Pilze Holz befallen und unterschiedliche Verfärbungen verursachen. Die Festigkeit kann hierbei rapide abnehmen.

HOLZBESCHAFFUNG

Schöne und seltene Holzsorten können häufig von Baumpflegebetrieben, Landschaftspflegern, lokalen Sägewerken oder bei städtischen Ämtern erworben werden. Es lohnt sich, dort gezielt nachzufragen. Mein Holz beziehe ich stets von lokalen Forstwirten. Diese sind oftmals Mitglieder in Waldbesitzervereinigungen. Auch hier kann eine Anfrage sehr ergiebig sein.

VORBEREITUNG, MOTIVAUSWAHL, VORLAGEN

Es gibt von einigen Bildhauern den coolen Spruch: „Man muss einfach alles wegschneiden, was nicht der gewünschten Figur entspricht.“ Doch diese Vorgehensweise ist, meiner Meinung nach, eher den Großmeistern wie Michelangelo vorbehalten. Tatsächlich benötigt die Entstehung einer Skulptur deutlich mehr als nur Intuition – sie verlangt nach einem durchdachten Plan und sorgfältigen Arbeitsschritten. Lassen Sie mich einige bewährte Methoden aufzeigen, die diesen Prozess unterstützen können.

Zu Beginn gibt es erst einmal die zündende Idee, gefolgt von möglicherweise einigen vorläufigen Skizzen. Zweifelsohne sind hierfür künstlerisches Talent und die Fähigkeit zu zeichnen von Vorteil, doch meine eigene Zeichenkunst ist recht bescheiden – vergleichbar mit der eines 5 Meter Feldweges. Jedoch kommt mir meine berufliche Erfahrung als Mechaniker, die das technische Zeichnen ebenso wie das räumliche Vorstellungsvermögen in den drei Dimensionen XYZ beinhaltet, zugute. Bevor ich also an die Schaffung eines Kunstwerkes gehe, modelliere ich in der Regel zunächst ein dreidimensionales Modell aus wiederverwertbarer **Knetmasse.** Das Betrachten des Modells aus unterschiedlichen Perspektiven erleichtert das Zeichnen der einzelnen Ansichten. Zusätzlich erweisen sich die kleinen **Schleichtiere**, die jeder noch aus seiner Kindheit kennt, Fotografien oder **kleine** und **große Modelle** als wertvolle Hilfsmittel, die es mir ermöglichen, die feinen Details und die richtigen Proportionen für das Projekt herauszuarbeiten.

Vorlagen aus Knetmasse

Gute Vorlagen: Schleichtiere etc.

ANZEICHNEN AM BAUMSTAMM

Bevor man eine Figur ausblockt, sollte man die Konturen vorher grob anzeichnen. Dazu eignen sich:

Fettkreide[15] sehr gut auf nassem und trockenem Holz.

Zimmermanns Bleistift mit weicher Mine, funktioniert leider nicht auf Rinde und nassem Holz, dafür umso besser auf fein gesägten trockenen Flächen.

Spraydose ist besonders geeignet auf Rinden und unebenen Untergründen. Man kann sehr schön in einem Schwung grob anzeichnen, leider sehr ungenau.

Fazit: Alle drei Arten haben ihre speziellen Vorteile. In der Praxis kommt jedoch der Fettstift am meisten zum Einsatz.

ÜBERTRAGUNG VON KONTUREN MIT DEM BEAMER

Eines vorweg: Die beste Methode, eine Figur anzuzeichnen, ist eigentlich, frei Hand aus dem Kopf heraus. Wenn es jedoch darum geht, komplexe technische Formen, wie Fahrzeugmodelle, bestimmte Autotypen oder diverse Objekte, zu gestalten, setze ich den Beamer ein. Bei solchen Projekten kommt es besonders auf die korrekte

---

15 https://www.grube.de/p/nordforest-foerster-signierkreide/P37-113/ vom 29. April 2024

Proportionierung an. Zwar könnte ich markante Punkte mit dem Dreisatz von der Originalvorlage auf das Holz übertragen, doch das bedeutet einen hohen Berechnungsaufwand. Diesen Aufwand kann ich mir mithilfe eines Beamers ersparen. Zunächst benötige ich ein Foto von der Frontalansicht des Objekts. Anschließend säge ich aus dem Holz die größtmögliche quaderförmige Form heraus, in die später dann die Figur hineinpasst. Auf diesen Holzquader wird dann das Foto mit dem Beamer projiziert. Die Größe der Projektion lässt sich unkompliziert an den zuvor gesägten Quader anpassen, indem ich den Beamer nach vorne oder hinten bewege, bis die Abbildung die gewünschte Größe erreicht hat. Anschließend zeichne ich die Konturen auf dem Holz nach.

Der **Nachteil** dieser Methode liegt darin, dass möglichst nicht die Sonne scheinen sollte. Außerdem ist relativ viel technisches Equipment erforderlich.

Der Vorteil: Wenig Rechenaufwand und sehr genaue Konturen.

Hier ein paar Beispiele, bei denen ein Beamer hervorragende Dienste leistet.

TECHNIKEN BEIM KETTENSÄGEN-SCHNITZEN

Anreißen

Nachdem wir bereits Methoden, wie das Anzeichnen mit Stift, Spraydose und Ähnlichem, genutzt haben, wenden wir uns nun einer präziseren Technik zu: Dem Anreißen mit der Schienenspitze. Diese Methode hinterlässt eine nur wenige Millimeter tiefe, aber sehr gut sichtbare Markierung – präziser als alle üblichen Zeichenwerkzeuge, wie Fettstift oder Bleistift. So sind die Linien, die zum Ausblocken dienen, klar definiert und beim Sägen bleibt man zuverlässig innerhalb der vorgegebenen Konturen.

Ein praktischer **Tipp** speziell für das Anreißen von Stirnholz: Hier kann das Werkzeug leicht verrutschen, was gerade Linien zu einer Herausforderung macht. Durch das seitliche Neigen der Säge um 45 Grad entsteht hingegen eine V-förmige Kerbe, die ein Abrutschen verhindert und für eine extrem genaue Linienführung sorgt. Mit dieser Technik lassen sich Risse mit hoher Perfektion realisieren.

Gerade sägen

Mit geraden Schnitten durch das Holz zu sägen, kennt eigentlich jeder vom Brennholzsägen und sollte keine Schwierigkeiten darstellen.

Leichte Kurven in einem Stück schneiden

Das geht normalerweise mit einem ganz normalen Brennholz-Schwert oder auch mit einem Ausblock-Schwert. Man muss unter dem Sägevorgang nur mit kontinuierlichem Druck immer auf eine Seite drücken und schon gibt es leichte Kurven-Schnitte.

Beispiel: „Herz in Flammen“ ausblocken, S. 87 f.

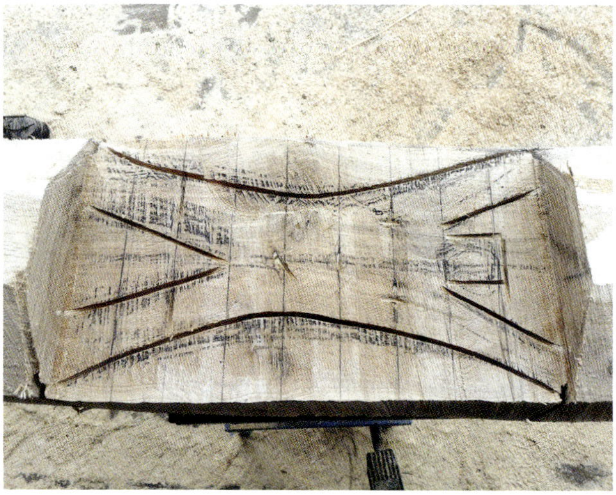

Schichttechnik für engere Kurven

Hier braucht es ein Carving-Schwert. Mit dem vorderen Viertel der Schienenspitze einen gewünschten Radius sägen. Dann mit der Schienenspitze immer tiefer hineinarbeiten. Nicht mehr als ein Viertel der Schwertlänge eintauchen bzw. wegarbeiten. So lange weiterarbeiten, bis man durch ist. Am Schluss kann dann der Sägespalt deutlich breiter als am Anfang werden. Das erklärt sich daraus, dass das Schwert nach hinten hin breiter wird.

Beispiel: Rückenschnitt Uhu, S. 38

Einstechen mit einem Brennholz-Schwert

Diese Technik ist wegen des Kickback-Effekts extrem gefährlich. Rückschlaggefahr der Sägeschiene! Je kürzer die Sägeschiene, desto ungefährlicher. Am Anfang mit der unteren Seite der Schienenspitze nur mit halber Drehzahl einsägen, bis nichts mehr von der Schienenspitze zu sehen ist.

Wenn man dann tief genug im Holz ist, kann man die Säge vorsichtig in eine waagerechte Position hochbringen.

Dabei mit konstantem Vorschub nach vorne arbeiten. Wenn man wirklich tief genug ist und die Säge nicht mehr nach oben aus kann, kann man auch wieder Vollgas geben und die Säge mit maximalem Druck nach vorne schieben.

Erst beim Austreten der Schienenspitze wieder aufpassen, hier mit Gefühl den Vorschub nach vorne wegnehmen. Da kann sich dann die Kette leicht noch mal verhaken.

Einstechen mit einem Carving-Schwert

Diese Technik ist ähnlich wie mit dem Brennholz-Schwert, nur sehr viel ungefährlicher, da fast kein Kickback-Effekt mehr vorhanden ist. Je kleiner der Radius an der Schienenspitze, desto ungefährlicher ist es. Jedoch ist hier auch eine extreme Beanspruchung des Materials an der Schienenspitze gefordert. Es entsteht hier durch den fehlenden Umlenkstern zwischen der Schienenspitze und der Kette sehr viel Reibung und Hitze und daraus resultierend Verschleiß. Also hier bitte mit Gefühl und halber Drehzahl arbeiten, um das Werkzeug zu schonen. Wenn die Schienenspitze raucht oder sich verfärbt, bitte dem Werkzeug Zeit geben, sich zu erholen.

Einstech-Technik für sehr enge Konturen

Einfach so oft einstechen, bis die Kontur geschlossen ist. Die Kontur ist dann erst mal etwas eckig, kann dann aber später noch etwas abgerundet werden.

Ein Beispiel findet sich beim Projekt „Mann im Baumstamm“, S. 101 f., das Freilegen des Kopfes, oder beim Schnitzen von Hausnummern.

Dönerspieß-Technik für Konturen

Man kann es sich schon denken, hier werden dünne Scheiben von einer Kontur abgesägt, wie bei einem Dönerspieß. Bedingt durch die Dünne der Scheiben biegen sich diese beim Sägen schön weg und können nicht in der Sägeschiene zwicken.

Fräsen

Hier wird nur mit der Schienenspitze seitlich hin und her gewedelt. Die Säge dabei gut mit beiden Händen festhalten. Wenn es geht, mit der unteren Schienenspitze arbeiten, da beim Arbeiten mit der oberen Hälfte mit einem Kickback zu rechnen ist.

Ein Beispiel hierfür sind die Krallen des „Uhu", S. 48 ff., oder Fenster und Türen beim „Almhüttchen", S. 72.

Hobeln, Schleifen

Wenn noch sehr grobe Sägespuren und Unebenheiten auf der Holzoberfläche stören, kommt diese Technik zum Einsatz. Die Sägeschiene flach an der Oberfläche platzieren und darüber streichen. Hier darauf achten, dass man mehr mit der Schienenspitze als dem hinteren Teil auf die Holzoberfläche drückt. Warum? Wir haben ja eine sehr lockere Kette, die im Stillstand gut sichtbar durchhängt. Das ist auch gut so und gewollt. Durch die Zentrifugalkraft ist die Kette an der Spitze physikalisch einfach viel steifer als im hinteren Bereich. Hier drückt sie sich einfach weg. Deswegen kann ich mit der Schienenspitze sehr exakt hobeln, ja man könnte fast sagen schleifen.

Ein Beispiel findet sich beim Verschönern der Oberflächen am „Herz in Flammen".

Beispiel für Fräsen

Weiteres Beispiel für Fräsen

Einlaufende oder auslaufende Kette?

Das ist eigentlich egal. Beim Schnitzen kann es vorkommen, dass man die Säge ergonomisch bedingt mal anders halten muss, das ist völlig in Ordnung. Der Unterschied ist eigentlich nur folgender:

Bei der einlaufenden Kette fliegen die Späne in Richtung Bediener. Man sägt mit der unteren Hälfte des Schwertes.

Bei der auslaufenden Kette fliegen die Späne weg vom Bediener. Es wird mit der oberen Schwerthälfte gesägt.

Wenn es egal ist, wie ich die Säge beim Schnitzen halte, dann achte ich darauf, wie die Sägezähne zum Einsatz kommen. Mit oder gegen die Faser des Holzes? Hier ist es generell ratsam, mit der Faser zu schneiden, ähnlich wie beim Schnitzen mit einem Messer. Daraus resultieren glatte und saubere Schnittflächen.

Fazit: Auslaufende oder einlaufende Kette ist egal. Wenn möglich, sollte mit der Faser gesägt werden, nicht dagegen.

NÜTZLICHE HILFSWERKZEUGE

Dremel-Schleifer (z. B. Tränensäcke bei Augen, Krallen, feinste Details)

Geradschleifer mit Augenfräsern[16] (z. B. zur Augenherstellung)

[16] https://powercarving.de/werkzeuge/elektrowerkzeug/manpa-tools/augenfraeser vom 22. April 2024

Winkelschleifer mit Fächerscheibe (z. B. für leichte Schleifarbeiten)

Akkuschrauber (z. B. beste Wahl für die Bearbeitung mit dem Schleifstern) Schleifstern[17], Schleifwalze[18] (z. B. leichte Schleifarbeiten und Säubern)

Schnitzmesser[19] (z. B. für feinste Detailarbeiten)

[17] https://holzkunst-scholz.de/products/schleifstern vom 22. April 2024

[18] https://powercarving.de/werkzeuge/elektrowerkzeug/manpa-tools/schleifmittel/ez-sander-42 vom 22. April 2024

[19] https://www.feinewerkzeuge.de/carvingjack.html vom 22. April 2024

Als preisliche Alternative käme noch die Kaindl Wood-Plane-Frässcheibe in Frage.

Eder Troghöhler mini[20] oder Harrycane[21] (z. B. Rindenstruktur beim Uhu, Felsenstruktur beim Almhüttchen)

Laubbläser (z. B. Abblasen und Säubern der Skulpturen vor dem Flammen, Schnitzplatz sauber halten)

[20] https://www.grube.de/p/eder-mini-troghoehler-anbaugeraet-kettenantrieb-kpl-aufnahme-8-mm-38lp/P10-169/ vom 22. April 2024

[21] http://theharrycane.de/shop.html vom 22. April 2024

SICHERHEIT

KICKBACK – RÜCKSCHLAGGEFAHR!

Die meisten Kettensägen haben eine Kettengeschwindigkeit von 20 Meter pro Sekunde, das sind umgerechnet: 72 km/h. Mit dieser Geschwindigkeit kann das Schwert der Säge theoretisch nach oben ausschlagen, wenn man mit dem Kickback-Dreieck bzw. der oberen Schienenspitze mit Vollgas das Holz berührt. Typische Verletzungen dabei sind: Stirn, rechtes Ohr oder rechte Schulter und Hals. Wenn man Glück hat, löst man dabei die vorgeschriebene Kettenbremse aus und bekommt nur die „stehende Kette" ab. Man muss sich das in etwa so vorstellen, wie wenn auf einen ein Auto mit 72 km/h zugeschossen kommt und das aus einer Entfernung von etwa einem Meter. Man sieht es zwar kommen, aber man hat keine Chance zu reagieren.

Das Ganze hört sich sicherlich brutal und gefährlich an. Ist es auch.

Aber hier zur **Entwarnung**:

Die Gefahr des großen Kickbacks gilt nur für normale Brennholzsägen. Benutzt man Carving-Schwerter, bei denen der Schienenspitzen-Radius kleiner ist, verringert sich ebenso die Rückschlaggefahr um ein Vielfaches.

Ein Bewusstsein für die Gefahren und die korrekte Anwendung der Ausrüstung ist deshalb unabdingbar, um Unfälle bei der Arbeit mit Kettensägen zu vermeiden.

Deshalb gilt: **Beide Hände fest an der Kettensäge!** Das ist kein Spaß.

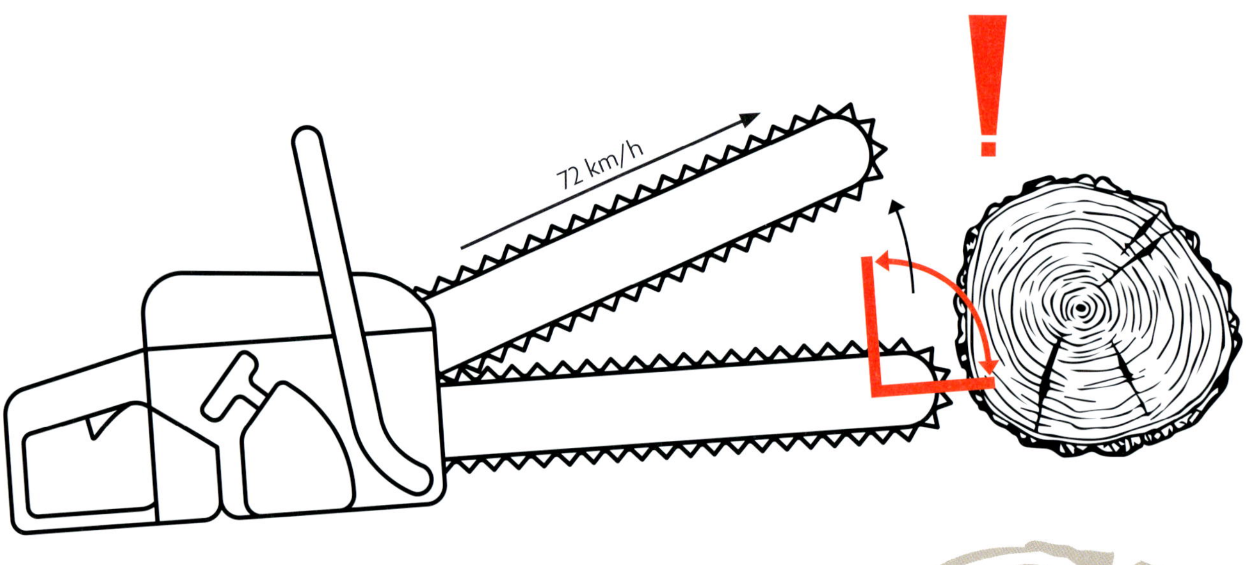

SICHERER HALT DES BAUMSTAMMES

Je dünner und länger ein Baumstamm, desto wichtiger ist ein sicherer Halt beim Schnitzen.

Hier eignen sich folgende Methoden.

Eigenbau-Metallplatte ca. 3 mm dick, mit eingeschweißten Metallstiften, der Baumstamm wird darauf aufgespießt.

Figurenschraube[23]: relativ aufwändige Montage

Croc Lock, Batavia Schraubstock[22] wackelt nicht durch seine 3 Füße, outdoorgeeignet.

Autoreifen mit Holzkeilen: einfache, effektive und kostengünstige Methode

---

22 https://www.bataviastore.com/de/batavia-croc-lock-werkbank-und-klammersystem.html vom 22. April 2024

23 https://www.feinewerkzeuge.de/spannsto.html vom 22. April 2024

Motorradhebebühne[24]: ergonomisches Arbeiten durch einfache stufenlose Höhenverstellung

Holzplatte von unten angeschraubt: einfache, effektive und kostengünstige Methode
Hackstock mit Schrauben oder Spanngurt: ist eine einfache, effektive und kostengünstige Methode.

TRANSPORT UND HANDLING SCHWERER BAUMSTÄMME

Wer nicht immer einen Radlader oder Gabelstapler zur Verfügung hat, für den gibt es Alternativen, um den Rücken zu schonen:

Einfache Hebeltechnik mit Dachlatte

Sackkarre und Kettenzug[25] oder an einem Dachbalken befestigt

---

24 https://weber-werke.de/klassik-motorradheber-135 vom 22. April 2024

25 https://www.arbeitsbedarf24.de/flaschenzug-kaufen-2000?gad_source=1 vom 22. April 2024

Mobiler Motorkran, hydraulisch[26]

PERSÖNLICHE SCHUTZAUSRÜSTUNG (PSA)

Schutz-Brille: Diese ist in zwei Varianten erhältlich:
A mit klaren, durchsichtigen Gläsern oder
B mit Forstschutzgitter[27].

Man sieht dann zwar aus wie Puck die Stubenfliege, jedoch hat das Gitter den Vorteil, dass es nicht beschlagen kann. Besonders bei kalten Temperaturen ist das ein großer Vorteil.

Schnittschutzhose: Diese spezielle Hose dient dem Schutz des Trägers, da sie durch eingewebte, widerstandsfähige Fasern die laufende Kettensäge bei Kontakt stoppt und ein Durchdringen der Sägekette verhindert. Die meisten Unfälle passieren übrigens mit einer auslaufenden Kette an einer zweiten Person beim Wegdrehen des Bedieners.

Sicherheitsschuhe mit Stahlkappe und Schnittschutz wie bei der Schnittschutzhose.

Kapselgehörschutz, besonders empfehlenswert, wenn man mit benzingetriebenen Sägen arbeitet.

Mundschutz oder FFP2-Maske, kennt jeder noch aus Corona-Zeiten.

26 https://www.rocket-tools.de/KFZ-Werkstatt/Heben/EBERTH-Motorkran-2000kg-hydraulischer-Motorheber.html vom 22. April 2024

27 https://jagdhun.de/Forstgitterbrille/10146 vom 22. April 2024

RUND UM DIE KETTENSÄGE

KETTENSÄGE

Es gibt verschiedene Kettensägenhersteller. Hier nur die bekanntesten Marken: Stihl, Husqvarna (früher Jonsered), Echo, Dolmar, Makita, Oregon, McCulloch usw. Ich kann hier in diesem Buch natürlich keine Empfehlung aussprechen, weil ich nicht alle kenne.

Ich denke, die sind alle auf ihre Weise gut. Was ich aber für den deutschsprachigen Raum definitiv sagen kann, ist, dass Stihl das beste Händlernetz hat.

Aber das muss jeder vor Ort selbst für sich entscheiden.

© Michael Hörhager

Es gibt mittlerweile auch fertige Carvingsägen, die schon mit einem Carving-Schwert, dem richtigen (Antriebs-) Ritzel, meist ¼ Zoll, und der passenden Kette ausgestattet sind.

Alternativ können Sie sich bei ihrem Motorsägen-Händler auch eine Säge aussuchen und diese mit ihrem Wunsch-Schwert und -Antriebs-Ritzel umrüsten lassen oder selber umrüsten. Meistens reicht hierzu ein Schraubendreher, ein klein wenig technisches Geschick und 5 Minuten Arbeit.

BENZIN UND KETTENHAFTÖL

Benzin

Für den Betrieb neuer Motorsägen empfehle ich die Verwendung von fertig gemischtem Kraftstoff. Dieser ist zwar teurer, doch oft verspricht der Hersteller, dass diese Option die beste für das Gerät sei. Neben herstellereigenen Kraftstoffen gibt es Alternativen, wie Aspen 2 oder spezielle Sonderkraftstoffe, die ebenfalls geeignet sein können.

Von der Selbstmischung des Kraftstoffs mit 2-Takt-Öl an Tankstellen rate ich prinzipiell ab. Dies hat mehrere Gründe:

1. Der selbst gemischte Kraftstoff zersetzt sich über die Zeit, was bei längerer Lagerung zu Qualitätsverlust führt.
2. Zudem ist der Umgang mit solchen Mischungen gesundheitlich riskanter, was sich bei mir in der Vergangenheit durch Symptome, wie Kopfschmerzen und rote Augen, bemerkbar machte.

Es gibt jedoch eine Ausnahme von dieser Empfehlung: Sollte bei einer älteren Kettensäge bisher immer selbst gemischtes 2-Takt-Benzin verwendet worden sein, ist von einem Wechsel auf fertig gemischte Kraftstoffe abzusehen. Alte Benzin-Öl-Gemische können Ablagerungen an den Kolbenwänden verursacht haben, die sich durch die Umstellung auf einen neuen Kraftstofftyp lösen könnten. Dies erhöht das Risiko eines Kolbenfressers erheblich.

> Zusammenfassend lautet aber meine Empfehlung: Bei neuen Motorsägen sollten Sie, trotz höherer Kosten, auf fertig gemischtes und langlebiges 2-Takt-Benzin zurückgreifen.

Kettenhaftöl

Bei der Auswahl des Kettenhaftöls für Carvingsägen kommt es nicht unbedingt auf die Marke oder die spezifischen Eigenschaften an, allerdings spielt die Farbe des Öls durchaus eine sehr große Rolle.

Vorzugsweise sollte das Öl eine helle Färbung aufweisen. Der Grund dafür ist ganz einfach: Wird beispielsweise beim Schnitzen des Adlerkopfes besonders lange am Schnabel gearbeitet, neigt die Säge dazu, Kettenöl zu verlieren, das an der Sägespitze nach vorne geschleudert wird.

Verwendet man ein dunkles Öl, kann dies zu unschönen Flecken auf dem bearbeiteten Holz führen – gerade im Gesichtsbereich sollte man das vermeiden.

CARVING-SCHWERTER

Carving-Schwerter sind spezielle Schwerter, die für feinste Detailarbeiten bestens geeignet sind. Sie sind durch ihre schmale Bauweise und spitze Nase (kleiner Schienenspitzen-Radius) bestens geeignet für Stechschnitte (ohne großen Rückschlag) und enge Kurven. Auch haben sie vorne an der Schienenspitze keinen Umlenkstern, was sie aber auch anfälliger gegenüber Verschleiß werden lässt.

> Deshalb hängen die Ketten bei diesen Schwertern immer deutlich durch.

Wenn Sie ein Carving-Schwert kaufen, müssen Sie sich mit folgenden Spezifikationen auseinandersetzen:

- **Länge der Schiene:** wird normalerweise in cm angegeben und gibt es zwischen 20 cm und 50 cm.

- **Nutbreite:** ist die Breite der Nut in Millimetern, in der die Treibglieder der Kette laufen. Bei den Carving-Schwertern gibt es grundsätzlich 2 verschiedene Größen: 1,1 mm Nutbreite und 1,3 mm Nutbreite. Die **1,1 mm** sind sehr feine Schienen und bestens geeignet für z. B. Abschlussarbeiten bei Federn, Anreißen, Krallen beim Uhu und Schnabel. Hier wird meistens eine kleine, leichte Säge mit wenig Leistung benötigt, wie z. B. Stihl MS 151, MS 162, MSA 200.
  Die **1,3 mm** sind dann eher was für die groben und alltäglichen Arbeiten. Ich benutze diese zu 90 Prozent beim Schnitzen. Sie sind auch nicht so verschleißanfällig wie die 1,1 mm. Das ist auf jeden Fall meine **Top-Empfehlung** für eine **typische Anfänger-Carving-Säge**, z. B. in Verbindung mit einer Stihl MS 194, MS 172, MSA 220.
- **Schienenspitzen-Radius**, ist der Durchmesser, wo die Kette umgelenkt wird. Die gängigsten Größen sind 2 und 2,5 cm. (Früher gab es auch die Bezeichnungen Quarter und Dime. Diese hatten ihren Ursprung aus den USA und waren 25 und 10 Cent Münzen mit ungefähr den oben beschriebenen Durchmessern)

Fazit: Je kleiner der Radius, desto besser ist die Schiene geeignet für Kurvenschnitte und Details, desto anfälliger ist sie aber auch gegenüber Verschleiß.

- **Teilung** definiert den Abstand zwischen zwei Treibgliedern. Die gängigste Größe bei Carvingsägen ist ¼ Zoll.
- **Anzahl der Treibglieder** bzw. die Länge der Kette ist natürlich von der Schwertlänge abhängig.

Kettenteilung:
Dieser Abstand geteilt durch 2

=

12,7 mm (÷2 = 6,35 mm)

¼-Zoll

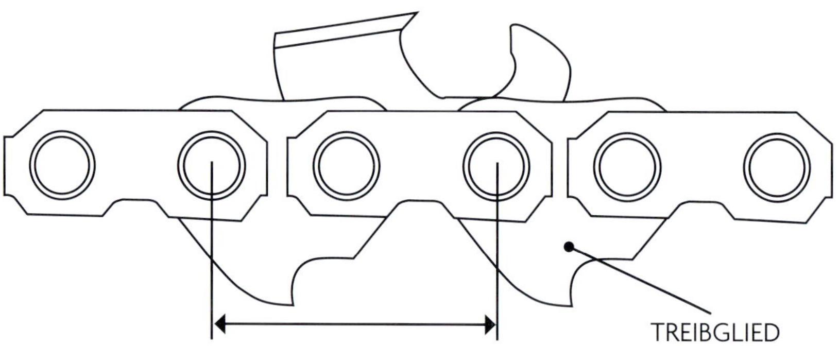

AUSBLOCK-SCHWERTER

Diese weisen eine ähnliche Bauform wie Carving-Schwerter auf. Sie sind nur etwas robuster und größer, haben aber ebenfalls keinen Umlenkstern. Durch ihre schmale Bauform sind sie daher bestens geeignet zum Ausblocken mit einer geringen Kickback-Gefahr.

- Nutbreite meistens: 1,3 mm
- Schienen-Spitzen-Durchmesser: zwischen 3,5 cm und 4,5 cm
- Üblicher Abstand der Treibglieder: ⅜ Zoll, d. h. deutlich robustere Ketten
- Längen von 40 bis 50 cm.
- Hier dürfen dann auch stärkere Sägen verwendet werden, z. B. ab Stihl 261 aufwärts.

Meine verwendeten Carving-Schienen in diesem Buch:

- Ausblock-Schwert, 1,3 mm Nut, 50 cm lang von Canon, ⅜-Zoll-Treibglieder mit Stihl MS 461 als Antrieb
- Carving-Schwerter, 1,1 mm und 1,3 mm Nut, 20 bis 35 cm lang, von Canon und Stihl, ¼-Zoll-Treibglieder

BRENNHOLZSÄGE-SCHWERT

Das Brennholzsägen-Schwert bezeichnet den Standardtyp eines Schwertes, der üblicherweise auf einer Kettensäge montiert ist. Diese sind äußerst robust durch ihren Umlenkstern an der Schienenspitze und bestens für die Waldarbeit geeignet. Bedingt durch die relativ hohe Bauform kann man jedoch so gut wie keine Kurven schneiden. Dies bedeutet eine deutliche Einschränkung für den Einsatz beim Schnitzen, wo eine solche Fähigkeit unerlässlich ist.

Hinzu kommt die erhöhte Kickback-Gefahr bei derartigen Sägearbeiten, was diese Schwerter für feines Schnitzen absolut ungeeignet und gefährlich macht, wie bereits im Kapitel „Kickback“, S. 24, ausführlich erläutert wurde.

Daher beschränke ich die Verwendung dieser Schwerter auf grobes Ausblocken, bei dem es auf eine schnelle Arbeitsweise ankommt.

KETTEN

Die Ketten müssen immer zur Schiene und zum Antriebsrad passen. Deshalb sucht man sich zuerst eine Schiene aus (falls nicht schon vorhanden) und kauft dann die dazupassende Kette. Wer mal eine Kette nachbestellen will, wendet sich am besten an einen Händler seines Vertrauens oder er muss sich mit folgenden Spezifikationen auseinandersetzen, um dann selbst online zu bestellen:

- Anzahl der Treibglieder auf der Kette
- Die Stärke der Treibglieder, die in der Regel 1,1 mm oder 1,3 mm beträgt und sich nach der Breite der Nut in der Führungsschiene richtet.
- Kettenteilung bzw. der Abstand der Treibglieder sollten natürlich immer zum Kettenrad passen. (Schnitzketten sind meistens ¼ Zoll bzw. 6,35 mm

Bei der Wahl der Zahnform gibt es zwei Optionen: Halbmeißelketten haben eine breite Akzeptanz und sind verzeihlich gegenüber leichten Fehlern beim Schärfen. Selbst wenn ein Zahn nicht optimal geschärft oder beschädigt ist, beeinträchtigt dies die Funktion weniger. Sie bieten eine geringere Schnittleistung, die für leistungsschwächere Sägen passend ist, und reduzieren das Risiko von Rückschlägen.

Vollmeißelketten erfordern Präzision: Alle Zähne müssen gleich lang und gleich geschärft sein sowie identische Winkel aufweisen. Sie arbeiten aggressiver und weisen einen höheren Materialabtrag auf, was sie für leistungsstärkere Motorsägen prädestiniert. Allerdings haben sie auch eine höhere Kickback-Gefahr.

Verkürztes Zahndach: Bei diesen Ketten gibt es meistens für einen kleinen Aufpreis besonders geschliffene Ketten mit einem kürzeren Zahndach, die dann zum **besseren Einstechen** geeignet sind. Diese haben dann oft unterschiedliche Bezeichnungen wie: RMS (Round Middle Schliff), nach Sanders geschliffen usw. Alle meinen aber im Prinzip dasselbe, nämlich dass sie „bestens für Stechschnitte geeignet[28]“ sind. Nachteil: Bedingt durch das verkürzte Zahndach, kann man die Kette natürlich nicht so oft nachschleifen wie normale Ketten.

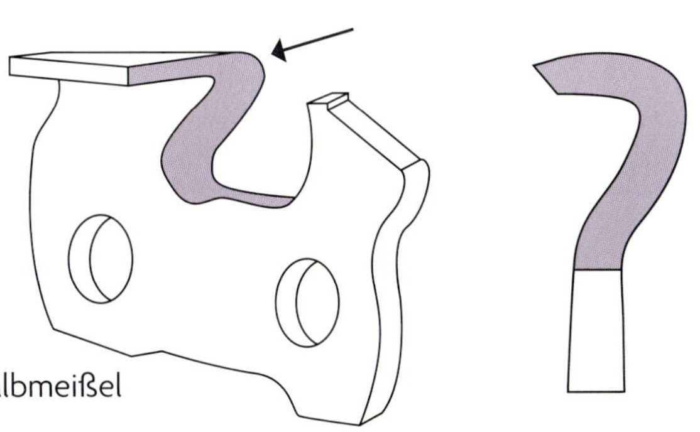

Halbmeißel

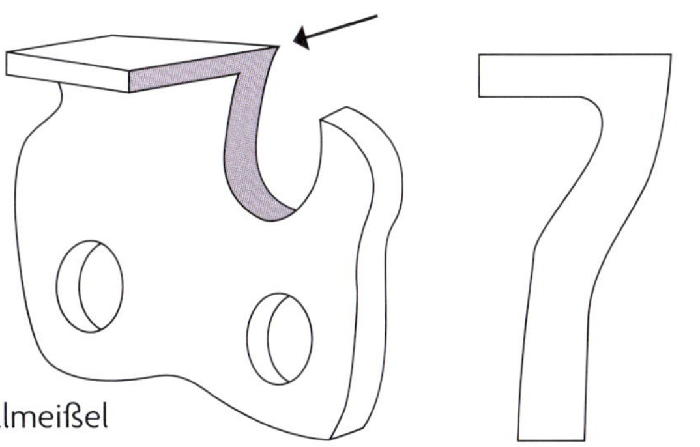

Vollmeißel

[28] https://katalog.grube.de/frontend/getcatalog.do?catalogId=542066&startpage=141 vom 19. April 2024

Normales Zahndach

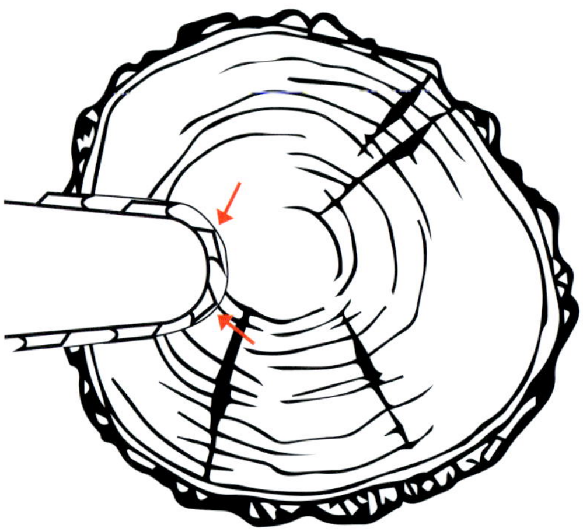

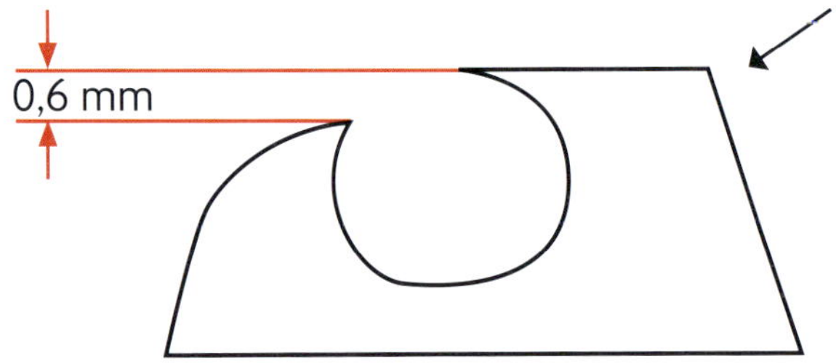

Normales Zahndach

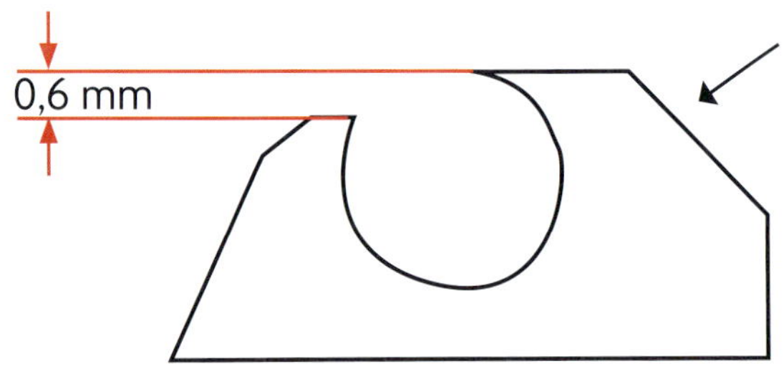

RMS, Sanders ... Verkürztes Zahndach zum besseren Einstechen

KETTENSCHÄRFEN

Es gibt verschiedene Methoden, um Ketten zu schärfen. Zu den gängigsten gehören:

- Elektrische Schleifmaschine. Ideal, wenn ein Zahn stärker beschädigt ist, z. B. nachdem in einen Nagel gesägt wurde.
  Vorteile:
  Präzises Schleifen aller Zähne auf die gleiche Länge.
  Nachteile:
  Zeitaufwändige Montage und Demontage der Kette sowie ein relativ hoher Anschaffungspreis.
- Mit einem Billig-Werkzeug. Von diesen ist generell abzuraten, da sie selten zufriedenstellend funktionieren und oft zu vorzeitigem Verschleiß führen. Wie das Sprichwort sagt: „Wer billig kauft, kauft zweimal."
- Feilen von Hand: Diese Methode bevorzuge ich persönlich, weil ich die Kette direkt an der Führungsschiene schärfe und mir somit den Montageaufwand spare. Das verlangt etwas Übung, lässt sich aber rasch erlernen. Wer sich jedoch unsicher fühlt, sollte dieses Kapitel überspringen und einem Fachmann die Kette zum Schleifen geben.

Für das Feilen von Hand sind folgende Spezifikationen zu berücksichtigen:

- **Feilendurchmesser:** Dieser sollte zur Kettenteilung passen. Üblich sind ¼ Zoll, was einem Feilen-Durchmesser von 3,2 mm entspricht oder ⅜ Zoll mit 4 mm. Beim Schnitzen sind mir bisher noch keine anderen Größen begegnet. Stihl-Sägeketten sind mit einer Kennzeichnung am Tiefenbegrenzer versehen, der Ihnen den empfohlenen Rund-Feilendurchmesser anzeigt. Beispiel: Die Zahl 7 steht dann für eine ¼-Zoll-Picco-Kette mit einem Feilendurchmesser von 3,2 mm. Die Zahl 1 oder 6 bedeutet dann 4 mm Feilendurchmesser.
- **Tiefenbegrenzung:** Eine mindestens ebenso wichtige Arbeit wie das Schärfen des Schneidzahnes, ist das Runterfeilen des Tiefenbegrenzers. Denn selbst ein optimal geschärfter Schneidezahn ist wertlos, wenn der Tiefen-

begrenzer nicht richtig eingestellt ist. Ist dieser Abstand zu groß, nimmt der Zahn zu viel Holz auf und die Säge kann hacken und ruckeln. Dadurch werden Motor und Schiene stärker belastet, die Kette nutzt sich schneller ab und kann sogar reißen. Auch die Kickback-Gefahr steigt. Wenn der Tiefenbegrenzer hingegen zu gering eingestellt ist (unter 0,6 mm), schneidet der Zahn zu wenig Holz ab, es entsteht vermehrte Reibung und Hitze, was Kette und Schiene wiederum schneller verschleißen lässt. Ich rate zu einem Tiefen-Begrenzungs-Abstand von etwa 0,6 bis 0,8 mm. Diese Information sollte übrigens stets auf der Verpackung der Kette vermerkt sein, ist aber auch abhängig von der Holzart. Hartholz (ca. 0,6 mm) oder Weichholz (ca. 0,8 mm). Gefrorenes Holz wird wie Hartholz behandelt.
- **Schärfwinkel** (bei Stihlketten immer 30 Grad): Mit einem magnetischen Schärfgitter an der Führungsschiene befestigen und optisch die 30 Grad beim Feilen im Auge behalten.

Beim Feilen ist es sinnvoll, wenn man die Kettensäge am Schwert mittels eines **Schraubstockes** an der Werkbank oder in einem **Feilbock**[29] (im Stammholz eingeschlagen) fixiert bzw. einspannt.

Mit einem **Filzstift** den ersten Zahn markieren, damit man weiß, wo der Startpunkt ist.

Schärfgitter[30] verwenden für den 30-Grad-Winkel. Zuerst eine Reihe mit den nach rechts stehenden Zähnen von innen nach außen feilen. Dann die Säge um 180 Grad drehen und die nach links stehenden Zähne feilen. Auch hier wieder von innen nach außen feilen. Bei jedem Zahn die **gleiche Anzahl von Strichen** verwenden, um gleich lange Zähne zu bekommen. Bei mir sind es meistens 2 bis 3 Striche.

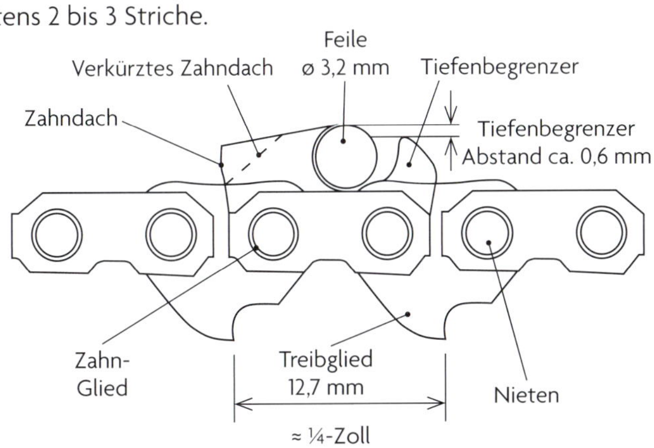

Lieber öfters wenig feilen, als einmal und dann aufwändig ganz viel feilen.

Die Feile hat nur beim Vorwärts-Strich einen Materialabtrag. Beim Rückwärts-Ziehen die Feile etwas anheben. Die Feile sollte so geführt werden, dass ein Viertel des Feilendurchmessers über das Zahndach hinausragt.

Feilbock

Schärfgitter

Experten-Tipp: Am besten feilt es sich, wenn die Kette richtig schön warm ist. Also, vor dem Feilen mal richtig mit Power irgendwo rein sägen. Warmer Stahl lässt sich besser feilen. Die darauf haftenden Öle und Harze sind dann auch schöner zu feilen.

[29] https://www.stihl.de/de/ap/feilbock-l700-2001?aID=00008810403 vom 22. April 2024

[30] https://www.stihl.de/de/ap/schaerfgitter-1463 vom 22. April 2024

PRAXIS-PROJEKTE

UHU

1. Die Holzauswahl fiel auf eine Eiche. Diese besitzt neben Lärche die beste Witterungsbeständigkeit und man kann in dieses Holz sehr feine Details schnitzen, ohne dass diese gleich ausbrechen. Der Stammdurchmesser ist ca. 40 cm, Länge 1,2 m.

2. Mir hat dieser Stamm besonders gut gefallen, weil er unten breiter wird bzw. eine Holzverzweigung hat, diese plane ich dann als Sockel. Das wird dann ein besonders stabiler Stand. Oben sollte man eine kleine Scheibe horizontal abschneiden, ...

3. ... weil hier noch sehr deutlich Risse zu erkennen sind.

4. Also erst mal gerade abschneiden.

NACH ALTER UNGESCHRIEBENER HANDWERKERTRADITION BEGINNT MAN AM MORGEN MIT DER GRÖSSTEN UND LAUTESTEN MASCHINE. DAMIT AUCH ALLE NACHBARN WISSEN, DASS HEUTE WIEDER GESÄGT WIRD.

ENTSPLINTEN

5. Hier sieht man nochmal schön den Splint, den ich gleich entfernen werde. Das ist das äußere helle Holz mit Rinde. Dieser Teil ist absolut minderwertig in Bezug auf Witterungsbeständigkeit und muss deshalb erst mal abgesägt werden.

6. Wieder die große Säge von Stihl, eine MS 500 I mit Griffheizung! Mit dieser Säge kommt gleich richtig Freude auf. Die ist von 0 auf 100 in 0,2 Sekunden. Keine Schalter, einfach nur Seilzug und Starten, fertig. Der Ferrari unter den Sägen. Ja und man kann es sich schon denken, es ist nicht ganz leise. Jetzt sind mittlerweile auch die letzten Nachbarn wach.

NUN ABER WIEDER ERNST: WER BEIM ENTSPLINTEN LANGE EINE SCHARFE KETTE HABEN WILL, SOLLTE FOLGENDES BEACHTEN: BEI JEDEM BRETT, DAS MAN RUNTERSÄGT, SOLLTE MAN DANACH ALS NÄCHSTES EINEN SCHRITT NACH HINTEN GEHEN, NICHT NACH VORNE. WARUM?

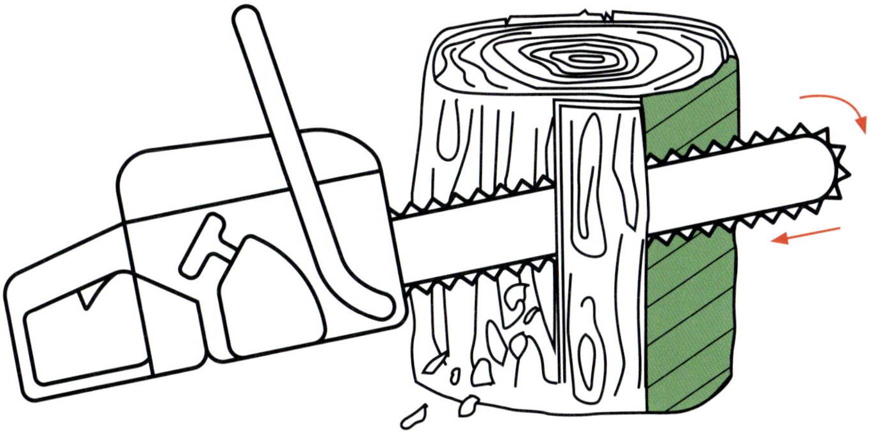

6A. Die Rinde ist ja meistens sehr schmutzig, wenn sie aus dem Wald kommt. Das Holz wird für den Transport oft auf dem Boden gerollt und die Rinde ist dann mit Sand und Dreck kontaminiert. Dieser Sand wirkt bei einer scharfen Sägekette wie Schmirgelpapier und lässt sie sehr schnell stumpf werden. Lange Rede, kurzer Sinn: Beim ersten Entsplint-Schnitt, wo ich in meinem Fall ca. 1,2 m durch sandiges und dreckiges Holz sägen muss, suche ich mir eine möglichst saubere Stelle ohne Dreck aus. Für den nächsten Schnitt gehe ich dann einfach einen Schritt zurück. Dadurch schneidet dann der Zahn immer in die frisch gesägte, grün markierte saubere Fläche und bleibt dadurch länger scharf.

7. Die Splint-Bretter geben gleich ein gutes Feuerholz.

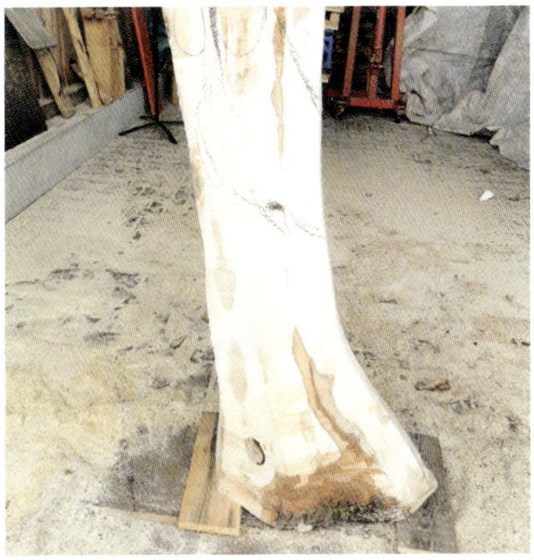

8. Fertig entsplinteter Baumstamm. Man sieht schon jetzt den stabilen Sockel.

UHUKOPF

9. Ich zeichne den Uhukopf von oben an …

10. … bzw. ritze ihn mit dem Carving-Schwert ein paar Millimeter tief an.

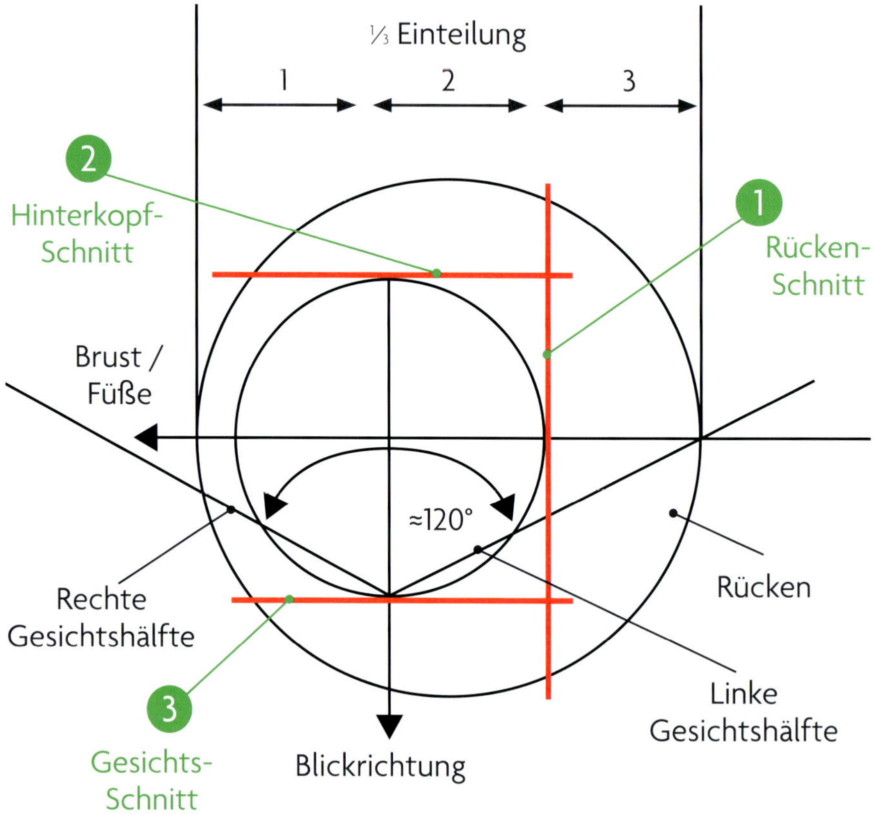

10A. Das werden dann die ersten drei wichtigen Schnitte: 1. Rücken-Schnitt, 2. Hinterkopf-Schnitt, 3. Gesichts-Schnitt.

11. Von vorne habe ich schon mal grob die Augenflächen angezeichnet.

12. Rücken-Schnitt 1.

13. Hinterkopf-Schnitt 2.

14. Und Gesichts-Schnitt 3.

15. Jetzt kommen die 120-Grad-Schnitte dran: Rechte Gesichtshälfte.

16. Linke Gesichtshälfte.

17. Man sieht jetzt den 120-Grad-Winkel schön. In der Mitte sollte eine gerade Linie zu erkennen sein.

18. Den Hinterkopf mit einem 45-Grad-Schnitt versehen.

19. Symmetrisch natürlich.

20. Mit dem Fettstift zeichne ich vorne an der Stirn den Scheitel in der Mitte an.

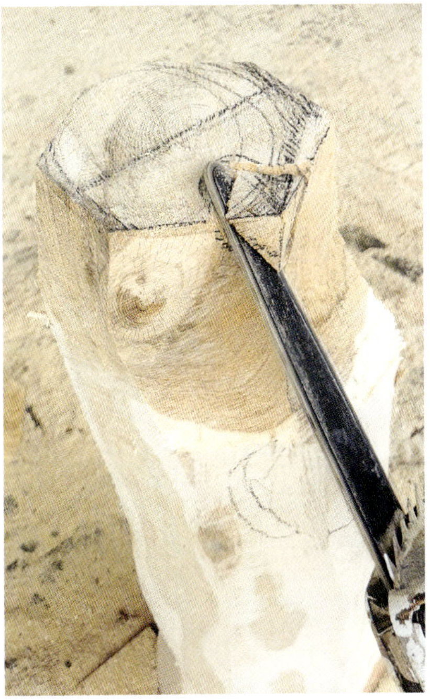

21. Einfach mal ein schönes Dreieck rausholen.

22. Die Mittelachse des Scheitels sollte mit der 120-Grad-Mittelachse eine Linie bilden.

AUGENBRAUEN FREILEGEN

23. Parallel zum 120-Grad-Winkel horizontal runtersägen bis kurz vor die Scheitel-Achse. Die Augenbrauenbreite beträgt in diesem Fall ca. 5 cm.

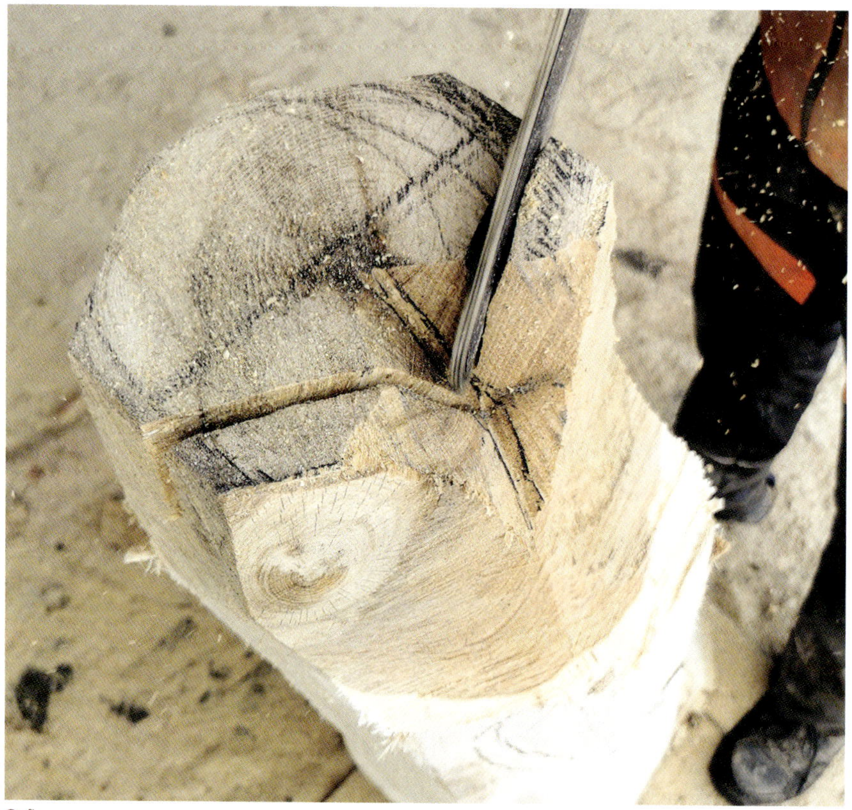

24. Andere Seite natürlich auch.

25. Obere Kopfseite um die Höhe der Augenbrauen runterkürzen.

26. 45-Grad-Schnitt zum Abrunden für den Hinterkopf.

27. Den Hinterkopf rundsägen.

28. Noch runder ...

29. Rund wie ein Fußball.

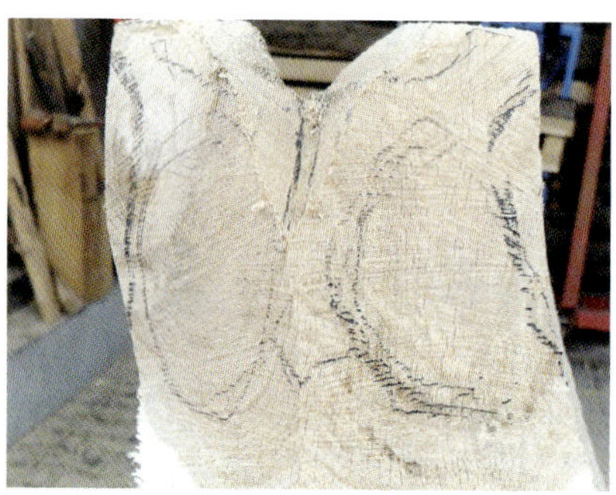

30. Kurzer Schnitt, langer Schnitt mit Fettstift anzeichnen.

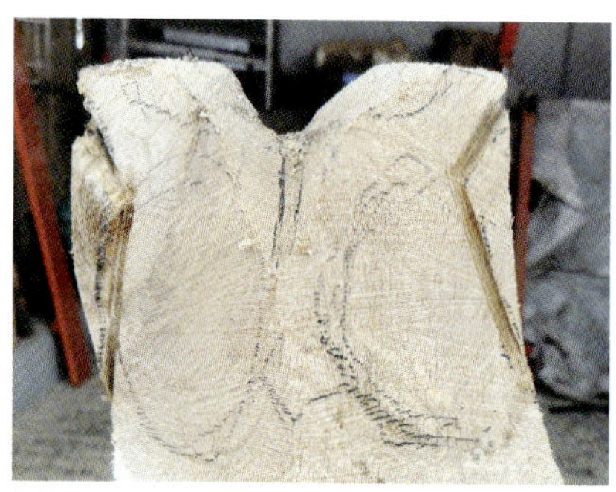

31. Jetzt mit der Säge ein paar Millimeter tief ankratzen.

GESICHT

32. Dann radikal nachsägen. Hier entscheidet sich übrigens, ob es eine Eule oder ein Uhu wird.

FALLS BEI DIESEM SCHNITT ETWAS SCHIEFGEHT, WARUM AUCH IMMER: MANCHMAL KANN ES VORKOMMEN, DASS MIKRORISSE IM HOLZ VORHANDEN SIND, DIE MAN VORHER NOCH NICHT GESEHEN HAT UND BEI DIESEM SCHNITT DANN DIE AUGENBRAUEN ABBRECHEN. FLEXIBILITÄT IST IN DIESEM FALL ANGESAGT. DANN WIRD ES HALT EINE EULE. EULEN UND KÄUZE HABEN EIN RUNDES GESICHT. UHUS GIBT ES NUR MIT DEN TYPISCHEN AUGENBRAUEN.

33. Das sollte dann so aussehen.

34. Jetzt bekommen die Augenbrauen einen kleinen Schwung. Falls sie noch dran sind.

35. Symmetrisch natürlich.

36. Radikaler 45-Grad-Schnitt unterhalb des Gesichtes.

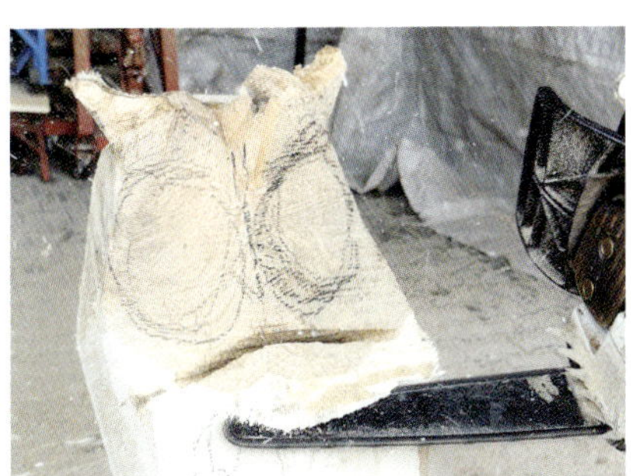

37. Nochmal das Gleiche von unten nach oben in 45 Grad. Das wird dann später die linke obere Schulter.

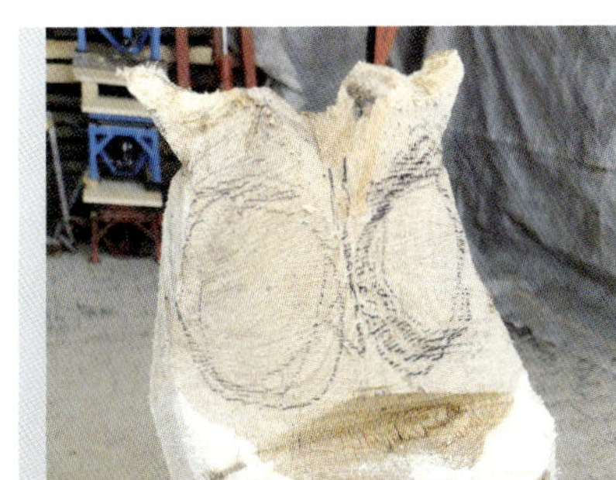

38. Hier sieht man übrigens nochmal das schöne helle Splintholz. Das geht aber später nochmal weg.

SCHNABEL

39. Ich säge ein großes M, das ziemlich flach gedrückt wurde. Ich fange damit in der Mitte an.

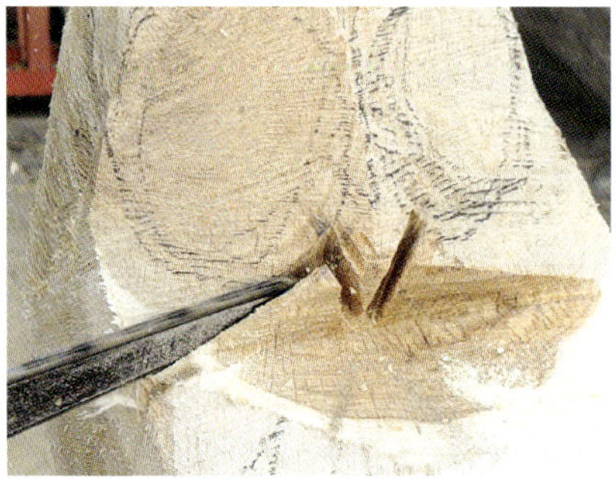

40. Jetzt die äußere Seite des Buchstabens M zuerst links ...

41. ... und dann rechts.

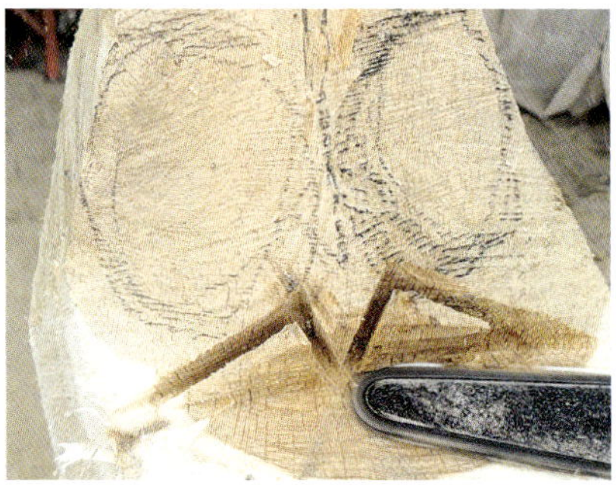

42. Dann die kleinen Dreieckchen rausholen.

43. Jetzt wird es filigran. Hier braucht man etwas Fingerspitzengefühl. Besonders weil man mit der Kickback-Spitze arbeitet. Ich fange unten am Schnabel an und ziehe die Sägespitze vorsichtig nach oben. Säge schön festhalten und damit rechnen, dass die Sägespitze nach oben ausbrechen will. Das geht schon. Durch den kleinen Carving-Radius sind die Kickback-Kräfte verschwindend gering. Aber man sollte trotzdem wissen, was hier vor sich geht, und vorsorglich etwas dagegenhalten.

HALS

44. Hier fange ich an, unterhalb der linken Backe einen Hals herauszuarbeiten.

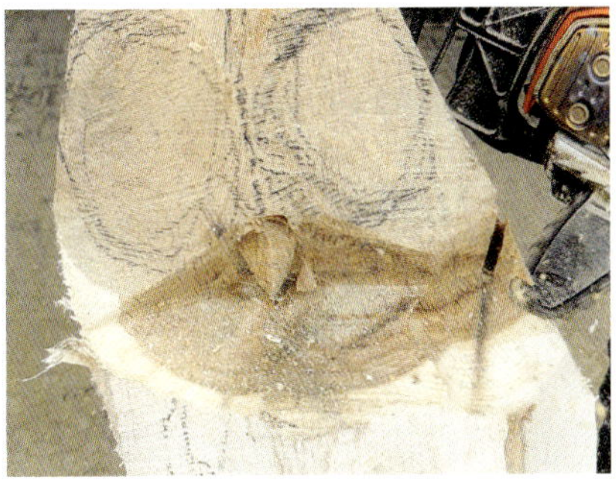

45. Ich arbeite mich am Hals entlang nach hinten. Immer kleine Dreiecke heraussägen.

46. Dann wechsle ich die Seite und mache das Gleiche von dort aus.

47. Auch von vorne nach hinten am Hals entlangarbeiten.

48. Schließlich am Hinterkopf noch einen Übergang zur rechten Schulter schaffen.

49. Dabei achte ich auch darauf, dass beide Schultern etwa in gleicher Höhe sind.

50. Schaut doch schon ganz gut aus.

FLÜGEL AUSBLOCKEN

51. Hier zeichne ich mit einem Fettstift den Flügel grob an. Ich beginne unterhalb des Schnabels und ende in einem schönen Schwung. Zu den Proportionen: lieber einen kleinen, dicken Körper als einen langen, schmalen. Klein und dick schaut niedlich aus. Und falls jetzt Fragen aufkommen. Nein, das gilt nicht bei uns Menschen.

52. Ich kratze das Ganze noch mal schöner und feiner mit der Schienenspitze an. Am Ende des Flügels habe ich gleich noch mit dem Fettstift die obere Kante der Schwanzfedern angezeichnet. Ab hier wird dann eingestochen. Aber dazu komme ich gleich noch.

53. Jetzt säge ich noch mal den Anriss ca. 3 cm tief nach.

54. Dann ritze ich die Oberseite der Schwanzfeder an.

55. Wenn das passt, säge ich gleich weiter durch, im 90-Grad-Winkel.

56. Jetzt sieht man schon die Oberseite der Schwanzfedern.

57. Hier hole ich mit einem schrägen Schnitt an der Brust die Flügel noch etwas heraus.

58. Dieser Schnitt geht den ganzen Flügel entlang.

59. Der linke Flügel ist nun grob ausgeblockt.

60. Sieht schon noch sehr grob-blockig aus. Die Symmetrieachse immer schön anzeichnen.

61. Das gleiche Prozedere für den rechten Flügel.

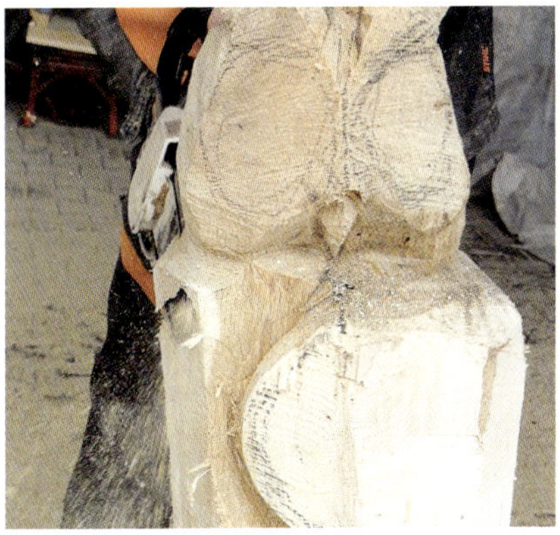

62. Der Übergang von Hals und Brust ...

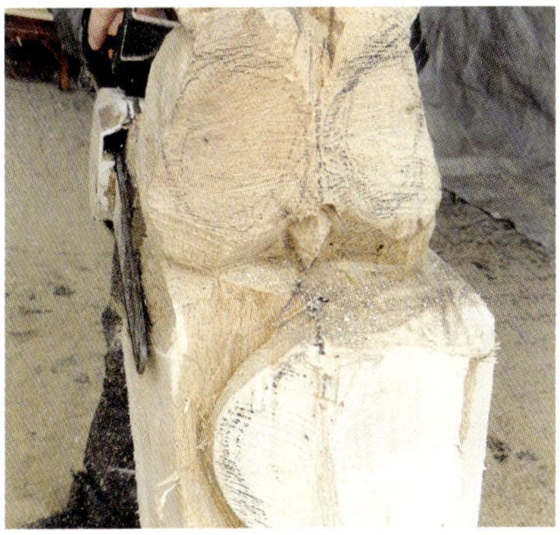

63. ... wird noch mal nachgebessert.

AUGEN

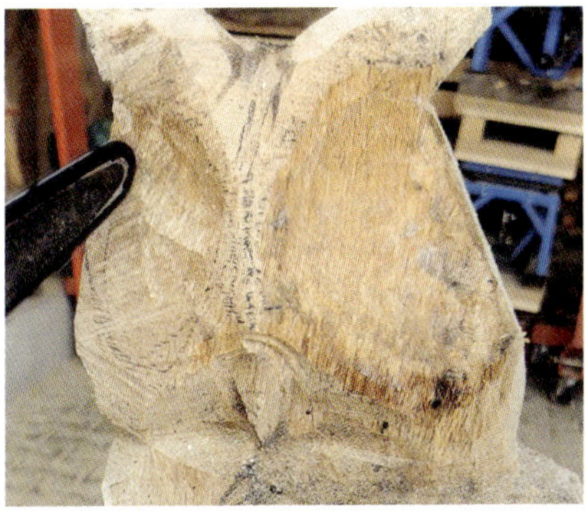

64. Augenhöhlen fräsen, mit der Schienenspitze hin und her wedeln.

65. Im unteren Bereich ist fast gar nichts wegzunehmen. Da, wo ungefähr die Augen sitzen, ist dann die tiefste Stelle der Schüssel.

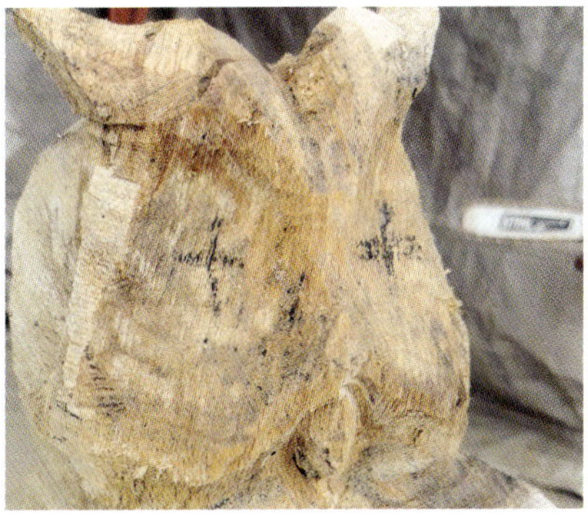

66. Ich zeichne die Augen mit einem Fadenkreuz an und denke dabei an ein gleichschenkeliges Dreieck zwischen Augen und Schnabel.

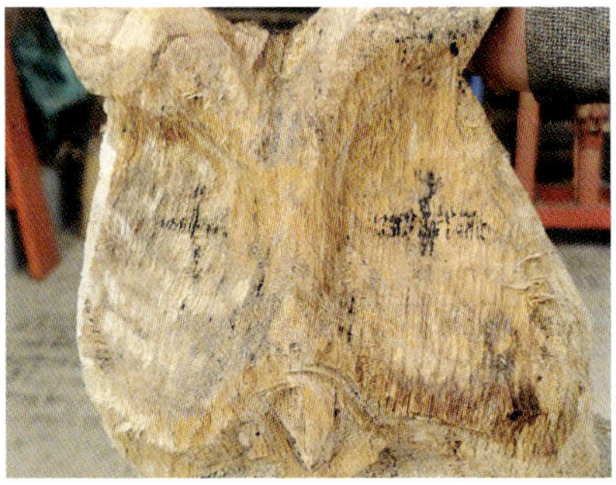

67. Jetzt kommen die Augenfräser zum Einsatz. An der Außenseite der selbst zusammengebauten Box sieht man die Ergebnisse der jeweiligen Fräser. Ich suche mir eine schöne Größe passend zu meinem Uhu aus. Die Wahl fällt auf den zweiten von rechts. Die Augenfräser gibt es übrigens bei Grube.de oder einfach googeln.

68. Jetzt kommt noch mal ein Spezialwerkzeug zum Einsatz. Das ist ein Geradschleifer. Leider nicht ganz billig. Das Besondere daran ist die hohe Drehzahl und er sollte mindestens 600 Watt haben, sonst wird das nix.

69. Geschuldet, dass der Fräser keine Schneidezähne oder Ähnliches hat, entsteht durch die Reibung und hohe Drehzahl sehr viel Wärme. Es ist normal, wenn es raucht. Ich brenne also eher die Augen in den Uhu, anstatt zu fräsen. Achtung: Schutzbrille ist an dieser Stelle angesagt. Hier haut es ganz fiese teerähnliche Batzen durch die Gegend.

70. Alternativ zum teuren Geradschleifer könnte man auch Kunststoffaugen[31] mit Zapfen verwenden. Da bohrt man dann einfach mit einem Forstnerbohrer die Fläche für die Augen vor und danach den Zapfen. Augen einkleben und fertig. Ist aber nicht jedermanns Sache.

71. Durch die hohe Drehzahl glänzen die Augen richtig.

[31] https://w.grube.de/p/kunststoffaugen/P11-250/?articleNo=11-252&em_src=kw&em_cmp=google/shopping&gad_source=1

FÜSSE UND KRALLEN

72. Mit einem Fettstift die Oberseite der Krallen anzeichnen.

73. Den unteren Schnitt im ca. 45-Grad-Winkel so tief anlegen, dass genug Material für die Krallen vorhanden ist. Den oberen Schnitt der Brust entlangführen. Achtung, nicht in die Flügel reinschneiden.

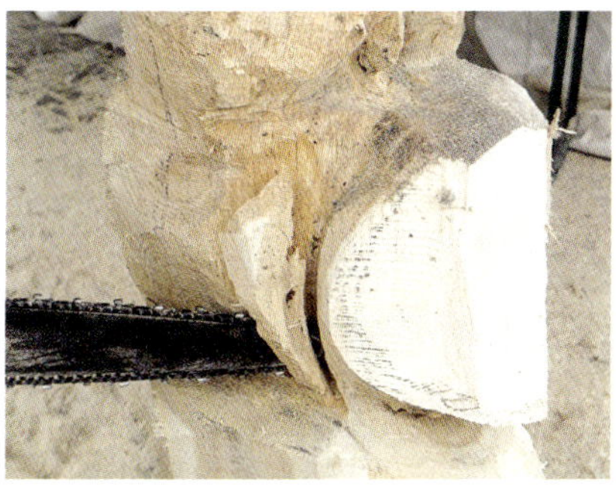

74. Jetzt arbeite ich nochmal an der Brust entlang bis fast unter den Flügel.

75. Auf der anderen Seite natürlich auch.

76. Fertig.

77. Die Krallen mit Fettstift anzeichnen. Es werden nur zwei Zehen pro Fuß. Warum nicht drei? Adler, Hühner und alle sonstigen Vögel sitzen normalerweise mit drei Zehen vorne da. Das ist soweit richtig. Außer Eulen und Uhus, die können eine Zehe nach hinten verschwinden lassen. Deshalb lasse ich mir das nicht zweimal sagen und spare mir die Zeit.

78. Vorsichtig ein paar Millimeter tief mit der Schienenspitze ankratzen.

79. Dann alles wegsägen, was nicht nach Krallen aussieht.

30. Bei der Fläche, auf der die Krallen draufstehen, denken Sie daran, dass nirgends Wasser stehenbleiben kann. Das ist konstruktiver Holzschutz. In diesem Winkel endet also meine Standfläche für die Krallen.

31. Ich hole immer möglichst große Dreieckstücke heraus.

32. Der Rest wird dann wieder mit der Frästechnik herausgeholt, d. h., hin und her wedeln mit der Schienenspitze.

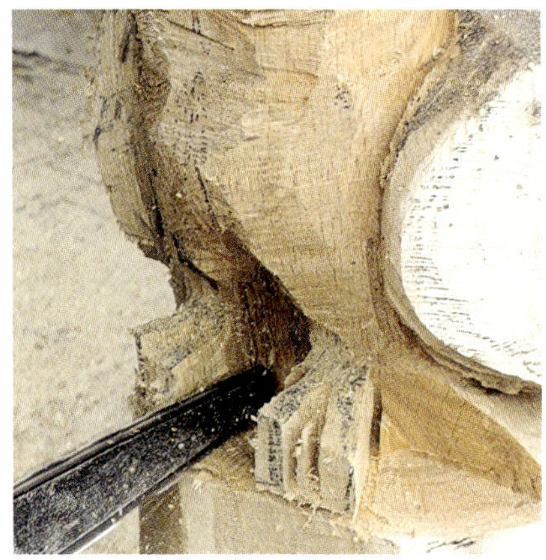

33. Das ist etwas mühsam und kostet Kraft, weil man die Säge beim Fräsen schon gut halten muss.

34. Die Krallen sind jetzt grob ausgeblockt.

35. Die Krallen werden alle auf die gleiche Länge gebracht und gerundet.

36. Nach unten hin zuspitzen.

87. Es sollte dann so aussehen.

88. Die Krallen hinterschneiden. Das bedeutet, ich säge von hinten in einem bestimmten Winkel, bis dadurch ein Loch entsteht.

89. Die Säge gut festhalten, weil ich mit dem Kickback-Dreieck säge. Die Zehen sind hier schnell mal weg.

90. Die Krallen sind jetzt fertig hintergeschnitten.

91. Jetzt kommen noch kleine Dinosaurier-Falten.

92. Von links und rechts im 45-Grad-Winkel ganz vorsichtig was wegnehmen. Dann ist's gut.

UHUKÖRPER

93. Die obere Schulterfläche etwas abrunden.

94. Ein aerodynamischer gerader Schnitt: Der Uhu soll unten etwas schlanker werden.

95. Und noch ein aerodynamischer Schnitt mit der Dönerspieß-Technik.

96. Untenrum ist er noch etwas eckig.

97. Noch ein schöner Rückenschnitt, ebenso mit der Dönerspieß-Technik.

93. Alles noch schön mit der Hobeltechnik abrunden.

99. Endspurt, der Uhu ist fast fertig. Es fehlen noch Schwanz, Federn und Sockel.

SCHWANZ

100. Erst mal Symmetrieachse und Schwanz anzeichnen

101. Vorsichtig mit der Schienenspitze ein paar Millimeter tief ankratzen.

102. Dann den Schwanz mit drei schrägen Schnitten befreien. Dies ist Schnitt 1.

103. Es folgt Schnitt 2, das Nach-vorne-Fortführen.

104. Dann Schnitt 3, ebenso von hinten nach vorne zu den Krallen schneiden.

105. Ich lege den Uhu jetzt mal in die stabile Seitenlage, damit ich ihm besser am Hintern rumsägen kann.

106. Hier bitte nicht zu viel sägen. Der Uhu soll eine möglichst massive Verbindung mit dem Sockel haben. Es könnte nämlich passieren, dass der Uhu dann am Schluss alleine dasitzt – ohne Sockel.

107. Ich mache immer gerne einen kleinen Schnitt unter dem Schnabel. Wenn kleine Kinder den Uhu sehen, wollen sie ihn immer mit ihren kleinen Fingern füttern oder sehen, wie scharf der Schnabel ist.

108. Ist ein kleiner Schnitt mit großer Wirkung.

109. Jetzt kann er auch gefüttert werden.

FEDERN, FRISUR, KAROMUSTER, FLAUM 1

110. Als Erstes werden die Augenbrauen frisiert. Ich streiche dazu mit der Schienenspitze im 45-Grad-Winkel über die Oberfläche. Warum 45 Grad? Würde ich gerade, d. h. im 90-Grad-Winkel, über die Fläche streichen, ergäbe das unschöne Nuten, bei denen es mich auch noch seitlich versetzen würde. Streiche ich jedoch im 45-Grad-Winkel, gibt es schöne V-Kerben mit einem gewissen Schwung.

111. Hier bekommt die obere Schädeldecke eine leichte Strähnchen-Frisur.

112. Mit der Schienenspitze im 45-Grad-Winkel ein paar V-Winkel-Strähnen nachziehen. Man kann auch mal leichte Bögen oder den Winkel variieren.

113. Das dürfte keine Schwierigkeiten darstellen.

114. Als Erstes zeichne ich oben einen Kragen an. Dann noch einen zweiten Strich für die zwei Hauptfederreihen.

115. Im Gesicht bekommt er auch noch ein paar Backenfedern. Ich zeichne grob die Richtung der Federn an.

116. Ich säge nur am Außenradius ein paar Striche. Auf die Symmetrie achten. Kleine Fehler fallen im Gesicht sofort auf.

117. Bevor ich mich mit dem Karomuster an dem Uhu vergehe, übe ich nochmal an einem Baumstamm die Technik.

1. Gerader Strich nach unten.

118. 2. Die Säge nur ein ganz klein wenig nach oben kippen, dabei immer mit der Schienenspitze am Holz bleiben. Durch den Kickback-Effekt zieht es die Säge ganz leicht nach oben. Ich muss an dieser Stelle also leicht dagegenhalten.

119. 3. Wieder eine kleine Kippbewegung nach unten mit der Säge machen. Die Schienenspitze ebenso nach unten bewegen.

120. Rauf, runter, alles in einer fließenden Bewegung und dabei das leichte Kippen der Säge nicht vergessen. Man fängt hinten an und arbeitet sich nach vorne.

121. Jetzt kommt die zweite Zeile dran. Das Gleiche machen wie zuvor, nur dass man jetzt aufpassen muss, dass man Spitze auf Spitze trifft.

122. Es ist wirklich einfach und sieht komplizierter aus, als es ist.

123. Dritte Zeile usw.

124. Ich übertrage das geübte Muster auf den ganzen Hinterkopf, Hals und Kragen bis zu den zwei Hauptfederreihen.

125. Natürlich auch noch die ganze Brust bis zu den Füßen.

126. Bei den Füßen kommt man dann nicht mehr richtig zum Sägen hin, da reichen dann einfach ein paar kurze Strichlein.

SOCKEL MIT AUFGEPLATZTER RINDE 1

127. Hier mache ich einen schönen konkaven Schnitt. Ich achte darauf, dass am Boden die maximale Breite beibehalten bleibt – wegen der Standfestigkeit. Ich wähle eine starke Säge mit einem langen Schwert. Je länger das Schwert, desto schöner werden lange geschwungene Schnitte. Das ist übrigens ein Canon Ausblock-Schwert, 50 cm lang. Eines meiner Lieblingsschwerter. (Bild links)

128. Den gleichen Schnitt: Symmetrisch an der Hinterseite. (Bild rechts)

129. Hinterseite und Vorderseite. Jetzt ist der Sockel quadratisch. Übrigens habe ich Opfer-Brettchen unter die Skulptur gelegt, um nicht in den Boden zu schneiden. Einmal kurz den Boden berühren und die Kette ist stumpf.

130. Jetzt breche ich die quadratischen Kanten wieder mit einem 45-Grad-Schnitt, um den Sockel irgendwann wieder rund zu bekommen.

131. Dann noch alle Kanten brechen und der Sockel ist wieder rund.

132. Ich zeichne die aufgeplatzte Rinde vorne an der Schokoladenseite der Figur an.

133. Ca. 3 cm tief einsägen. Achtung, nicht zu tief. Man kann später immer noch etwas nachsetzen.

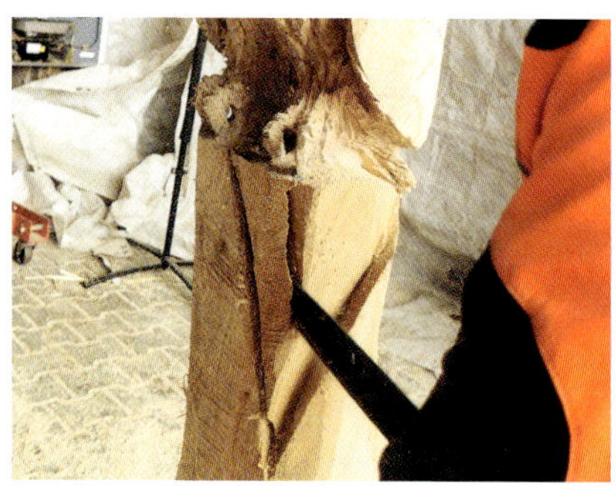

134. Bei diesem Schnitt darf man hinten am Ende ruhig etwas tiefer in die Rinde reinsägen.

135. Jetzt alles schön abrunden.

136. Es schaut schon gut aus.

137. Unten an der Spitze noch einen Übergang schaffen. Auch darauf achten, dass das Wasser wieder gut ablaufen kann (konstruktiver Holzschutz).

FEDERN 2

138. Jetzt werden endlich die Federn fertiggemacht. Zwischen den Hauptfederreihen ca. 2 cm tief einsägen. Damit die obere Federreihe über die untere Federreihe schaut.

139. Mit einem schrägen Schnitt von unten nach oben komplettieren. Einmal um den ganzen Uhu herum.

140. Jetzt die Hauptrichtung der Federn anzeichnen. Achtung, das ist noch nicht der Abstand der Federn. Nur die Richtung.

141. Ich beginne am Rücken in der Mitte mit zwei Federn. Die ich keilförmig zeichne bzw. gleich mit der Schienenspitze ein paar Millimeter tief anreiße.

142. Die restlichen Federn säge ich auch gleich alle mit an. Hier säge ich ca. 1,5 cm tief rein.

143. Hier wähle ich den Winkel so, dass ich mit der Schienenspitze unter die rechte Feder gelange und gleichzeitig die zu bearbeitende Feder am linken Rand unberührt bleibt. Dann von oben nach unten sägen und dabei auf einen leichten Schwung in den Federn achten. Gerade kann jeder.

144. Das ist ganz einfach.

145. Bei der unteren Federreihe ist es fast genauso, mit einem kleinen Unterschied, ...

146. ... dass man am Ende noch mal das obere Viertel mit einer Schnittbewegung nach oben unter die obere Federreihe fährt.

147. Es sollte dann so aussehen. Die oberen Federn stehen über den unteren.

SCHWANZFEDERN

148. So sollten sie vor der Bearbeitung aussehen. Symmetrieachse nochmal nachzeichnen.

149. Das sind wirklich nur gerade Schnitte im Schwanz. Auf die Richtung der Federn achten.

150. Dann ergibt sich der Winkel von alleine.

AUFGEPLATZTE RINDE 2

151. Hier werden noch ein paar Spitzen in die Rinde gesägt.

152. Darauf achten, dass man nicht in das hintere Holz schneidet

153. Man sieht, was es sein soll.

RINDE

154. Jetzt fehlt noch eine Rindenstruktur. Hierzu steht ein bemerkenswertes Werkzeug zur Verfügung: Der Troghöhler.

Info: Troghöhler
Dieses hochfunktionale Gerät wird von zwei Herstellern angeboten. Mein bevorzugtes Modell habe ich von theharrycane.de bezogen. Eine weitere empfehlenswerte Variante ist der Mini-Troghöhler von Eder Maschinenbau, der über Grube.de erhältlich ist. Der Troghöhler wird als Zusatzgerät an Kettensägen angebracht. Zur Montage werden Kette, Schiene und Antriebsritzel entfernt und durch einen Keilriemen oder eine Antriebskette sowie einen am vorderen Teil angebrachten Fräskopf ersetzt, der mit austauschbaren, runden Hartmetallplatten bestückt ist. Dieses Werkzeug ist vorrangig dazu konzipiert, um effektiv und zügig große Holzmengen abzutragen. Es gilt jedoch höchste Vorsicht: Wegen der signifikanten Rückschlaggefahr sollte man niemals im Kickback-Bereich des Holzes arbeiten. Bei der Anwendung ist es zudem unabdingbar, stets die entsprechende Schutzkleidung zu tragen, zu welcher insbesondere eine Schutzbrille gehört. In meinem speziellen Fall eignet sich dieses Spezialwerkzeug bestens, um eine ansprechende Rindenstruktur zu erzeugen.

155. Ich bewege den Fräser ca. 10 cm kurz vor und zurück und verändere dabei immer meinen Winkel. Das ist aber Geschmacksache, denn jede Rinde schaut anders aus.

156. Ich denke, das ähnelt schon einer Rinde.

ABFLAMMEN UND SCHLEIFEN

157. Hier kommt der Dachdeckerbrenner zum Einsatz.

158. Ziel ist es, diese groben Holzspreißel weg zu brennen, denn es wäre äußerst schwer und mühsam, diese mit dem Winkelschleifer zu entfernen.

159. Der Abstand der Brennerdüse zum Holz sollte etwa 20 cm betragen.

160. Kleiner Tipp: Um die hintere glatte Holzfläche bei der aufgeplatzten Rinde vor den Flammen zu schützen bzw. um sie möglichst hell zu lassen, stopft man sie einfach mit Holzresten zu.

161. Nicht zu dunkel brennen. Wir müssen nachher alles wieder hell schleifen. Außer am Sockel. Die Rinde darf ruhig etwas dunkler werden.

162. Auch der kleine Handbrenner von CFH kann hier, für ein paar Stellen, an die man mit dem großen Brenner nicht hinkommt, gute Dienste leisten.

163. Jetzt noch mit dem Schleifstern und der Bohrerverlängerung alles schleifen.

164. Bei Schleifarbeiten mit Holz bitte immer an die FFP2-Maske denken. Da war doch mal was.

165. Grobe Schleifscheibe, z. B. 60er-Korn, und Winkelschleifer

166. Auch noch mal grob drüber und fertig.

163. Augen, Schnabel und ...

169. ... Krallen mit dem Pinsel einstreichen.

167. Endspurt: Mit handelsüblicher Acrylmalfarbe aus dem Künstlerbedarf noch den letzten Anstrich machen. Manchmal ist die Acrylfarbe auch bei Discountern im Angebot. Wir brauchen nicht viel Farbe. Da kann man also auch mal zuschlagen. Ich brauche eigentlich nur Schwarz, ein wenig Weiß und einen Pinsel. Farbe evtl. mit Wasser verdünnen, damit sie nicht zu dick ist und schneller trocknet.

170. Glanz in den Augen: Als Farbpalette benutze ich immer Holzreste. Auf das angespitzte Pinselende oder einen Zahnstocher oder auf sonstige spitze Gegenstände weiße Farbe auf die Spitze geben und bei den Augen im gleichen Winkel in irgendeine Ecke platzieren. Wenig Aufwand, großer Effekt.

171. Fertig! Da muss ich doch mal in die Bäckchen knuffen. Jetzt fehlt nur noch ein Anstrich mit Holzschutz-Öl.

172. Ich bevorzuge „OSMO UV Schutzöl farblos“. Das ist eines der wenigen farblosen Öle, die auch einen UV-Schutz enthalten. Für den Innenbereich würde auch Leinölfirnis reichen. Das ist ähnlich, nur ohne UV-Schutz.

ALMHÜTTCHEN MIT TREPPCHEN

1. Schön, wenn man einen gut sortierten Holzplatz hat und ins Volle greifen kann.

2. Die Holzauswahl fiel auf eine Eiche mit den beachtlichen Maßen von etwa 70 cm in der Breite wegen des kleinen Astes bzw. 50 cm im Durchmesser und einer Höhe von 70 cm. Die Arbeit mit diesem Stück war bereits an der Grenze dessen, was ohne schweres Gerät, wie einen Radlader oder Gabelstapler, machbar ist, denn Eichenholz ist sehr schwer. Ich schätze das Gewicht des Eichenstücks auf ungefähr 200 kg. Hilfsmittel, wie eine Sackkarre und ein Kettenzug-Kran, waren dabei unverzichtbar. Ohne diese wäre es mir nicht möglich gewesen, das Eichenstück auf die hydraulische Motorrad-Hebebühne zu heben.

3. Ich zeichne das Haus und das Bäumchen von oben an.

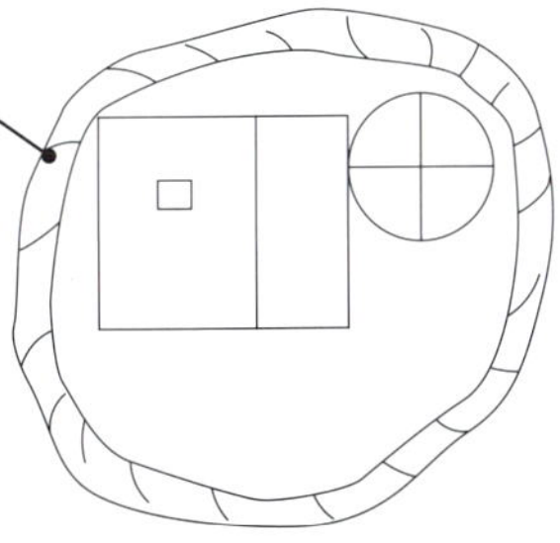

4. Dazu hilft es natürlich, wenn ich mir vorher mal eine Skizze mache. Mit Bleistift und Papier kann man genauer zeichnen.

5. Entsplinten des Stammes.

6. Den Ast links lasse ich mal stehen. Evtl. mache ich da später ein Bäumchen rein. Mal sehen.

GROB AUSBLOCKEN

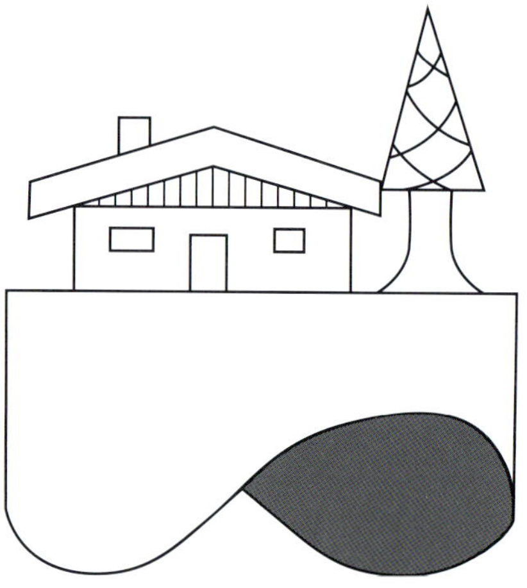

7. So sollte das Almhüttchen von vorne aussehen.

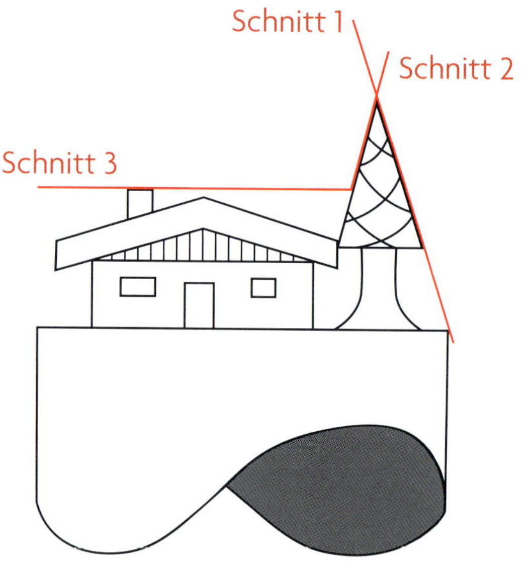

8. Entsprechend beginne ich mit drei Schnitten.

9. Die Spitze des Tannenbäumchens schaut schon mal raus.

10. Noch mal neu anzeichnen.

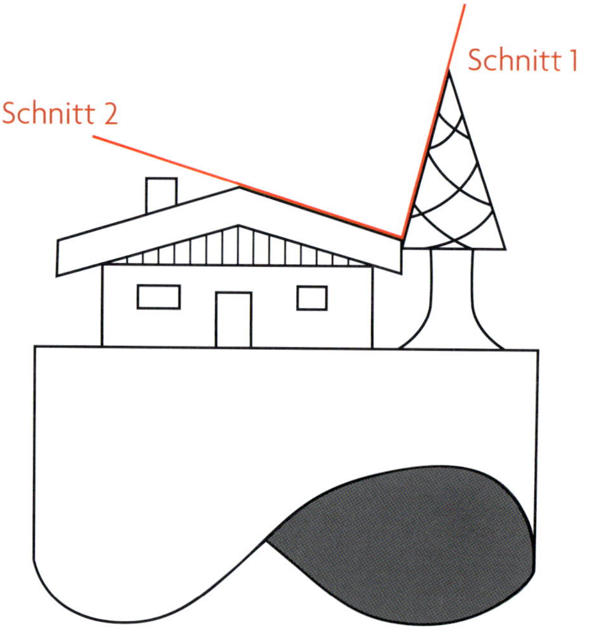

11A. Von vorne kann man auf der runden Außenfläche schlecht anzeichnen. deshalb nochmal zum besseren Verständnis eine Skizze für die rechte Dachfläche.

11B. Schnitt 1.

11C. Schnitt 2.

11D. Das war einfach. So könnte es weitergehen.

12. Freilegen der linken Dachfläche mit dem Kamin. Bitte nicht den Kamin abschneiden! Flexibilität ist der Schlüssel zum Erfolg. Sonst ist es halt eine topsanierte Alm mit Wärmepumpe. Oder sie erklären nichts dazu und es fällt keinem auf ...

13. An der vorderen Kaminwand runterschneiden (falls der Kamin noch vorhanden ist).

14. Ebenso an der hinteren Kaminwand.

15. Jetzt die hintere linke Dachfläche, wenn es geht, im gleichen Winkel wie die vordere Hälfte schneiden.

16. Sollte dann so aussehen

17. Rechte und ...

13. ... linke Kaminseite entlangschneiden.

19. Obere und ...

20. ... untere Dachfläche am Kamin begradigen.

21. Ausblocken des Tannenbäumchens in 90-Grad-Schnitten. Bitte nicht in das Dach schneiden! Der Schnitt sollte im Winkel der Dachschräge enden.

22. Ebenso die hintere Seite.

23. Weiter am hinteren Dach entlangschneiden.

24. Ebenso an der vorderen Dachfläche

25. Zwischendurch die äußeren Umrisse des Daches anreißen.

26. Nun sollte das Bäumchen wie eine Pyramide aussehen, die aus der verlängerten Dachfläche rausspringt.

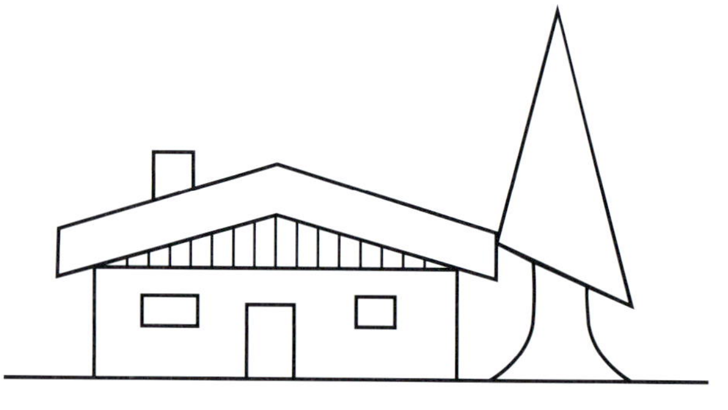

27. Wie in der Skizze nacharbeiten.

23. Hier auch noch mal schön von der Seite zu sehen.

29. Hier säge ich am vorderen Dachgiebel runter.

30A. So tief runtersägen und dann von hier aus nochmal ca. 2 cm tiefer runterarbeiten.

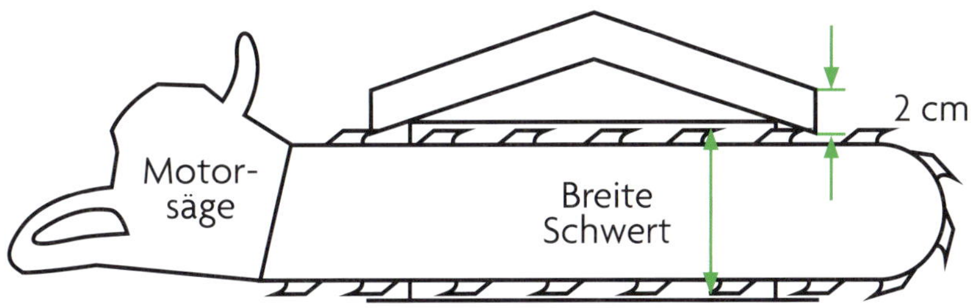

30B. Hier nochmal kurz erklärt: Schnitttiefe so kurz wie möglich bzw. Schwertbreite plus 2 cm.

30C. Warum so kurz wie möglich? Ich finde Almhüttchen in den Alpen sehen charakteristischer aus, wenn sie flach und nicht zu hoch sind.

31. Jetzt den Boden der Hütte. Die Tiefe ist ja jetzt bekannt.

32A. Ebenso die linke Dachseite bis zum Boden schneiden.

32B. Den Boden sägen.

32C. Fertig.

33A. Den rechten Klotz neben dem Bäumchen befreien.

33B. Entlang der Pyramide bis zum Boden schneiden.

33C. Den Boden schneiden.

33D. Falls mal nicht so exakt gesägt wurde und nur eine Kleinigkeit fehlt, kann man auch mal mit dem Sappie[32], Hammer oder Brecheisen nachhelfen, bis sich dann das Abfallstück von der Skulptur löst bzw. bricht. Aber bitte mit Gefühl. Nicht draufhauen wie der Schmied von Kochel.

34A. Jetzt entferne ich das linke Stück neben der Pyramide.

34B. Entlang der Pyramidenfläche bis zum Boden schneiden.

34C. Fertig.

32 https://de.wikipedia.org/wiki/Sappie vom 15. Juli 2024

35A. Die Giebelunterseite vorsichtig ankratzen.

35B. Ca. 5 bis 6 cm tief in die Unterseite des Giebels schneiden.

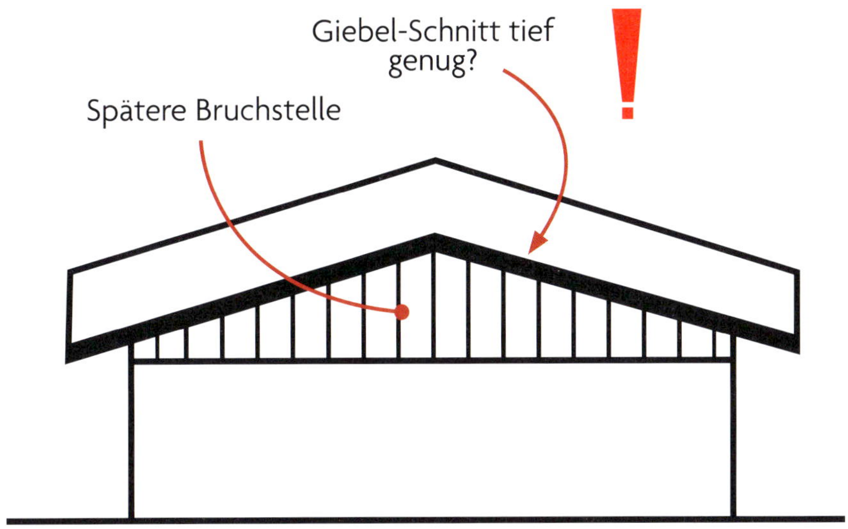

35C. Giebelschnitt siehe Skizze.

35D. Entlang der vorderen Hauswand einstechen. Achtung beim Einstechen, hier besteht Kickback-Gefahr. Der Dachvorsprung soll ca. 4 cm ausmachen.

35E. Den Boden bis zur Hauswand verlängern.

35F. Vor dem Brechen mit dem Sappie oder Brecheisen bitte noch mal kontrollieren, ob der Giebelschnitt (siehe Foto 35B.) auch wirklich tief genug ist. Ansonsten könnte der Giebel samt Dach an dieser Stelle wegbrechen.

35G. Ich bin mir sicher. Es kann gebrochen werden.

35H. So sieht dann die Fläche nach dem Brechen aus. Erinnert an eine Bretterwand bei Almhütten.

35I. Schaut doch schon gut aus. Das Gleiche bitte auch noch für die Rückseite.

36A. Als Nächstes befreie ich die linke Seitenwand, was ganz einfach mit drei Schnitten ist. Schnitt 1 führt unter dem Dach entlang bis zur Hauswand.

36B. Schnitt 2 einstechen an der Hauswand.

36C. Schnitt 3 am Boden entlang bis zur Hauswand sägen.

36D. Das ging einfach, so könnte es weitergehen.

37. Jetzt wage ich mich an das Bäumchen. Vorher noch die Symmetrieachse am Baum anzeichnen und von 2 Seiten den Stamm mit der Säge anreißen. Danach schneide ich am Boden entlang bis zum Stamm des Bäumchens und im gleichem Winkel etwas höher an der Unterseite des Baumes.

33. Einstechen an der Außenseite des Stammes.

39. Und schon müsste der unnötige Klotz herausfallen. Wenn nicht, darf mal wieder vorsichtig mit dem Sappie nachgeholfen werden.

40. Der Stamm muss leider wieder neu angezeichnet werden.

41. Daran denken: Ein Stamm ist immer etwas konisch und je dicker ein Stamm ist, desto älter ist er.

42. Jetzt kommen wieder 2 Einstiche bündig zur Hauswand und am Baumstamm dran.

43. Habe noch mal auf eine stärkere Säge gewechselt. Mit der Kleinen habe ich keine Geduld. Das ist übrigens ein Cannon Ausblockschwert mit 50 cm Länge. Sehr gut geeignet für solche Einstiche. Da kommt Freude auf. Die geht rein wie Butter.

44. Jetzt hole ich noch mal die vordere Ecke unter dem Bäumchen raus. Am Stamm entlang bis zur Hauswand. Achtung, hier darauf achten, wie tief Ihr sägt. Bzw. man sollte nicht in die Hauswand reinsägen. Da ja an der Hauswand schon ein Einstich ist, merkt man es, wenn mal kurz kein Widerstand beim Einstechen ist. Dann seid ihr mit dem Schwert in der richtigen Tiefe.

45. Ein kurzer Schnitt am Boden entlang ...

46. ... und ein finaler Schnitt an der Unterseite des Bäumchens.

47. Dann sollte wieder ein unnötiger Klotz von der Skulptur wegfallen.

48. Jetzt das Gleiche nochmal für die Rückseite des Bäumchens.

49. 3 Schnitte: Bodenschnitt, Dachschnitt, um 90 Grad drehen und einstechen bis zur Hauswand, aber bitte nicht hinein. Jetzt habt Ihr ja schon Übung.

50. Und schon wieder fällt ein Klötzchen.

51A. Jetzt fehlt nur noch der Mini-Zwischenraum von Hauswand und Stamm.

51B. Einen kleinen Einstech-Schnitt am Stamm entlangsetzen.

51C. Dann den Boden und die Unterseite vom Baum beschneiden. Falls es mal zu eng hergeht bzw. für diesen Schnitt das Carving-Schwert zu breit ist, einfach mit der Schwertspitze ausfräsen. Geht auch mal bei so kleinen Sachen.

51D. Man sieht schon, was es werden soll.

52. Ich breche die Kanten an der Pyramide.

53. So lange weiterarbeiten, bis es ein perfekter Kegel wird

54. Den Stamm mache ich ebenso rund. Den Schienenspitzen-Radius nutze ich gleich dazu, damit der Stamm unten schön in den Boden ausläuft.

55. Jetzt ist mal Zeit, das Dach ordentlich gerade zu hobeln und zu putzen.

DACHSCHINDELN

56. Erst mal mit dem Fettstift grob anzeichnen. Ich fange beim Kamin mit der groben Einteilung an. Bitte nicht mit Taschenrechner und Lineal anfangen. Das wird nix. Einfach mal grobes Augenmaß beweisen.

57. Senkrechte Längsstriche ca. 1 cm tief sägen

58. Fast waagrechte Flächen sägen. Ich schaue eigentlich immer, wenn es geht, dass das Wasser ablaufen kann. Konstruktiver Holzschutz.

59. Schaut ein bisschen aus wie bei einem Lego-Hausdach.

60. Jetzt mit der Schienenspitze ein paar Querstreifen reinkratzen.

61. Winkel ist erstmal egal, Hauptsache es sind alle gleich. Jetzt sieht es auch wie ein Schindeldach aus.

62A. Mal wieder zwischendurch den Boden sauber und eben putzen.

62B. Fällt auch nicht schwer.

FENSTER UND TÜREN

63. Ca. 1 cm tief mit der Schienenspitze die Fenster und Türen ankratzen.

64. Alle waagerechten und senkrechten Schnitte ausführen.

65. Danach die ganze Fensterfläche um ca. 1 cm zurücksetzen. Man fräst hier nur ganz vorsichtig mit der Schienenspitze und wedelt mit dieser hin und her.

66. Die Säge leicht nach unten halten. Damit man nicht voll mit dem Kickback-Dreieck sägt. Diese Carvingschiene schlägt zwar nicht aus, aber sie neigt dann schon mal dazu, dass es einen leicht versetzt. Schaut dann nicht schön aus, wenn man bei den Fenstern Fehlschnitte hat (oder siehe Kapitel „Kickback", S. 24).

TANNENBÄUMCHEN 1

67. Als Erstes säge ich zwei Flächen unter der Spitze.

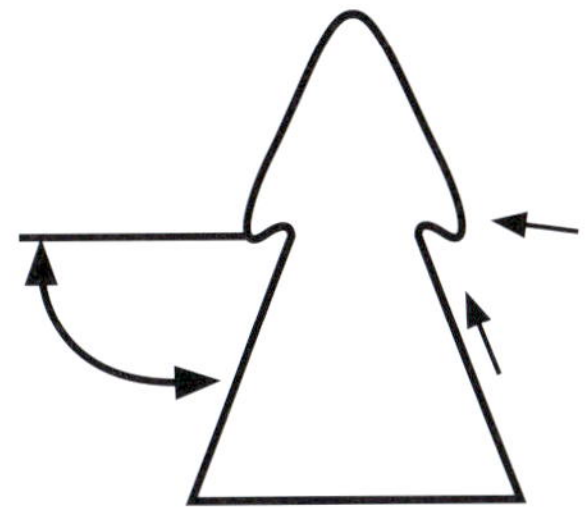

68. Siehe Skizze.

69. Danach fange ich an, Dreiecke mit der Schienenspitze anzuritzen.

70. Immer zwischen den Dreiecken ...

71. ... ein neues darunter platzieren ...

72. ... bis nach unten.

73. Diese Flächen sollen jetzt wie bei Haifischzähnen nach außen geneigt werden. Da reicht ein kleiner schräger Schnitt, bei allen Flächen. Wer dies beherrscht, kann sich auf jedem Weihnachtsmarkt etwas dazuverdienen. Geht schnell und schaut gut aus.

74. Mein Tannenbäumchen schaut jetzt aber auch schon gut aus.

75. Zwischendurch ist mal wieder Zeit, den Boden zu putzen. Da ja Almhütten meistens auf einem Berg stehen, möchte ich auf der oberen Plattform ein paar Schrägen hinbekommen. Und man kann es nicht oft genug sagen: konstruktiver Holzschutz.

HÖHLE

76. Die Höhlenöffnung wird grob mit dem Fettstift angezeichnet. Bei der Lage achte ich darauf, dass sie nicht in gleicher Flucht mit dem Haus steht. 45 Grad versetzt schaut interessanter aus.

77. Zuallererst schneide ich den Boden der Höhle. Und merke mir, wie tief ich mit dem Schwert im Holz bin.

78. Dann säge ich die linke und die rechte Höhlen-Begrenzung, ebenso die Höhlendecke, die im Übrigen nicht gerade sein muss.

79. Jetzt gibt es wieder viele Einstechschnitte. Bitte hier das Schwert etwas schonen. Das ist für die Schienenspitze die höchste Belastung. Wenn die Schienenspitze raucht, ist es Zeit, eine Pause einzulegen. Da fällt mir der blöde Spruch ein: Ein Handwerker braucht keine Pause, er gibt dem Werkzeug nur Zeit, sich zu erholen.

80. Dann mit dem Sappie oder dem Brecheisen einmal von der Seite einen Schlag mitgeben und dann die Brettchen rausziehen.

31. Es sollte dann so aussehen.

32. Jetzt mit dem Troghöhler die ganze Höhle noch etwas sauber putzen. Es geht aber auch mit der Schienenspitze der Carvingsäge. Das dauert halt nur etwas länger.

33. Schön mit der Spitze des Fräskopfes hin und her wedeln. Den Fräser nur nach vorne zu drücken, würde dazu führen, dass der Keilriemen am Holz reibt und so vorzeitig verschleißt.

34. Von der hinteren Höhlenwand bis zum Außendurchmesser sind ungefähr 10 cm Holz. Da würde sich evtl. ein Durchbruch/Notausgang anbieten.
Mal sehen.

TANNENBÄUMCHEN 2

35. Wie ich mir vorhin schon bei Bild 6, S. 61, gedacht habe, bietet sich hier wirklich ein Bäumchen an.

36. Erstmal einen runden Kegel formen.

37. Dann die untere Begrenzung rundherum festlegen.

38. Diese Größe ist wirklich sehr filigran und grenzwertig.

39. Dennoch macht es Spaß, weil es so schnell geht. Es darf ruhig etwas grob sein.

ANLEGEN DER WEGE

90. Ich muss gestehen, hier gibt es kein Schema F. Hier darf jeder seiner Fantasie freien Lauf lassen. Ich säge erst mal so ca. 5 cm tief einen Straßenboden.

91. Den Straßenrand gerade runter sägen.

92. Von der Höhle aus nach links einen Straßenboden ...

93. ... und links noch einen weiteren Weg sägen.

94. Das wird dann die Anschlussverbindung nach oben. Mit dieser Technik fange ich gleich mit den Treppchen an.

95. Übergang vom Treppchen zum Weg. Die Wege werden später übrigens alles noch Treppchen.

96. Weg mit dem Teil.

97. Man erkennt, was es werden soll.

DURCHBRUCH VON AUSSEN IN DIE HÖHLE (NOTAUSGANG)

93. Wie vorhin schon angedeutet, schaffe ich hier einen quadratischen Durchbruch mit vier Schnitten ins Innere der Höhle. Es sind nur ca. 10 cm zu überbrücken. Das geht ganz schnell und macht sehr viel her.

99. Schaut noch ein bisserl fad aus. Man könnte noch ein paar Stufen davor machen.

100. So sieht der Durchbruch von außen aus.

101. Da bietet sich doch schon wieder ein kleiner Weg an. Sonst kommt man ja auch nicht in den Notausgang.

102. Rauf, runter, rüber, alles ist erlaubt. Hauptsache, es schaut gut aus.

103. Hier fange ich mal wieder mit den Treppen an ...

104. ... und schaffe einen weiteren Weg zum Notausgang.

105. Jetzt wird die Außenseite des Notausgangs verschönert. Rund ankratzen und dann die äußere Fläche nach hinten versetzen.

106. Passt ...

107. ... und schaut auch noch gut aus.

WEG AUS DER HÖHLE NACH UNTEN

108. Hier könnte ein Weg aus der Höhle schräg nach unten gehen?

109. Ich hole mit drei schrägen Schnitten einen groben Klotz heraus.

110. Der untere Schnitt war der Straßenboden, die seitlichen die Straßenbegrenzung.

111. Es war rechts geplant. Ich hatte aber einen Linksdrall. Treppen rein und fertig.

ANGEDEUTETER EINGANG

112. Hier kratze ich wieder mit der Schienenspitze wie oben bei der Hütte eine Türe an ...

113. ... und gehe dann ca. 2 cm tief rein.

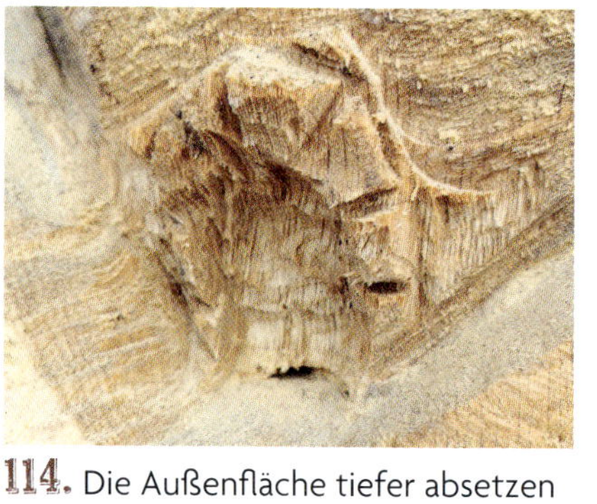

114. Die Außenfläche tiefer absetzen und ein paar Steine als Torbogen andeuten.

TREPPENSTUFEN ANLEGEN

115. Jetzt heißt es, Treppen sägen. Am besten eignet sich ein kurzes Schwert z. B. mit einer 1,3-mm-Nut. Die Säge immer waagerecht halten und den Winkel der Wendel nicht vergessen.

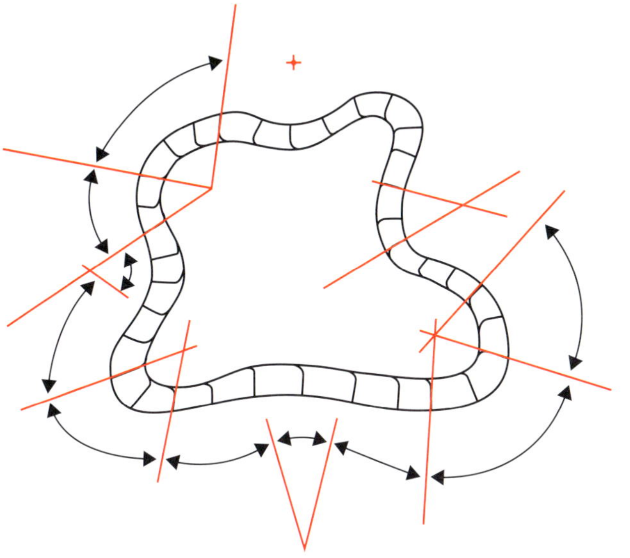

116A. Ich denke immer an einen Mittelpunkt, wie bei einer Wendeltreppe, d. h., ich verändere bei fast jeder Treppenstufe den Winkel und versuche, mit der Schiene in den Mittelpunkt der Kurve zu zielen.

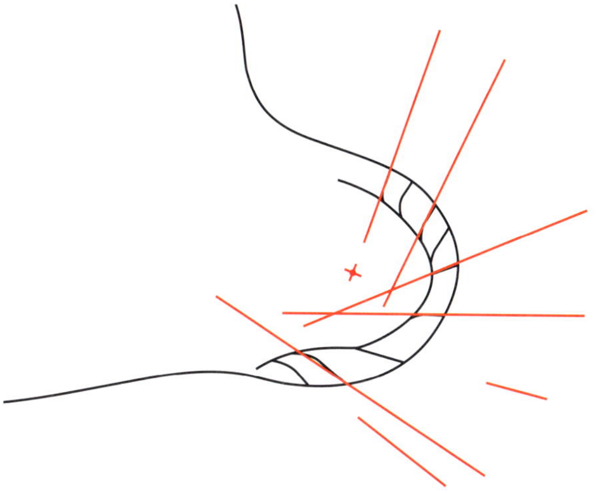

116B. So wäre ein typischer Anfängerfehler, wie ich es oft bei meinen Schülern beobachte.

116C. Die Säge schön ruhig und mit beiden Händen gut festhalten.

117. Immer oben anfangen und dann nach unten arbeiten!

118. Andersherum würde man vor lauter Sägespänen nicht mehr den Winkel erkennen, den man gesägt hat, und dann schlussendlich die Orientierung verlieren.

119. Noch mal kontrollieren, ob man alle Treppenstufen gesägt hat. Nichts vergessen.

FELSIGE STRUKTUR ANLEGEN

120. Seitlich mit dem Troghöhler eine Pendelbewegung ausführen.

121. Zur besseren Kontrolle halte ich ihn auch mal vorne. Der Rückschlag ist hier doch etwas größer als bei den Carvingsägen.

122. Sieht doch schon gut aus.

123. Alternativ zum Troghöhler könnte man auch einen anderen Fräskopf für den Winkelschleifer verwenden, wie z. B. den Kaindl Wood Plane. Diese sind allerdings durch ihre Drehzahl sehr aggressiv, schwer zu handhaben und gefährlicher als der Troghöhler. Besonders bei Astlöchern ist höchste Vorsicht geboten.

FLAMMEN UND SCHLEIFEN

124. Hier verwende ich einen Dachdeckerbrenner/Abflammgerät mit einer 5-kg-Propangasflasche. Ich achte dabei auf die groben Holzspreißel, die so bequem abgebrannt werden sollten. Der Abstand des Brenners sollte ca. 20 cm zur Holzoberfläche betragen.

125. Und bitte nicht zu dunkel abflammen. Wir müssen ja später alles noch etwas heller schleifen.

126. Bei den Fenstern und Türen verwende ich einen kleineren Universalbrenner von CFH.

127. Mit dem Winkelschleifer kommt man an die Hauswände leider schlecht hin. Am besten geht es, wenn ich mit der Kettensäge die Hauswände noch mal sauberputze.

128. Die Hauswände sind schon mal heller bzw. sauberer. Es fehlt noch der Rest.

129. Ich fange mit dem Akkubohrer und Schleifstern an. Einfach überall mal grob darüber. Nicht zu lange aufhalten. Staubschutzmaske/FFP2-Maske kann auch nicht schaden an dieser Stelle.

130. Dann kommt noch der Winkelschleifer mit einer groben Fächerscheibe 40er-Korn zum Einsatz. Mit diesem kann ich noch ein paar Farbakzente setzen. Das ist wie Malen mit dem Winkelschleifer.

131. Auch hier überall mal grob drüber, wo es noch fehlt.

132. Hier würde man doch gerne wohnen.

133. Fertig, erst mal geschafft. Jetzt fehlt nur noch ein Anstrich mit Holzschutz-Öl.

© Michael Hörhager

134. Ich bevorzuge „OSMO UV Schutzöl farblos“. Das ist eines der wenigen farblosen Öle, die auch einen UV-Schutz enthalten. Für den Innenbereich würde auch Leinölfirnis reichen. Das ist ähnlich, nur ohne UV-Schutz.

© Michael Hörhager

HERZ IN FLAMMEN

Vorweg möchte ich erst mal erklären, dass es bei diesem Herz eigentlich keine Flammen sind, sondern eher zwei Blätter, die vorsichtig ein Herz in sich halten. Aber die Kunst liegt ja bekanntlich im Auge des Betrachters und einige sehen hier ja vielleicht wirklich Flammen. Dieses Projekt geht auch eher in Richtung Kunst und Kunst muss man deshalb auch erklären. Da es in der Natur kein richtiges Herz gibt, das man nachschnitzen könnte. ist es deshalb ein Fantasieprodukt, das wir uns so in unserem Kopf vorstellen.

Jeder darf deshalb auch sein Herz, wie er sich das eben vorstellt, schnitzen. Als Anregung: Es gibt verschiedene Formen von Herzen, lasst Eurer Fantasie freien Lauf. Hier ein paar Beispiele:

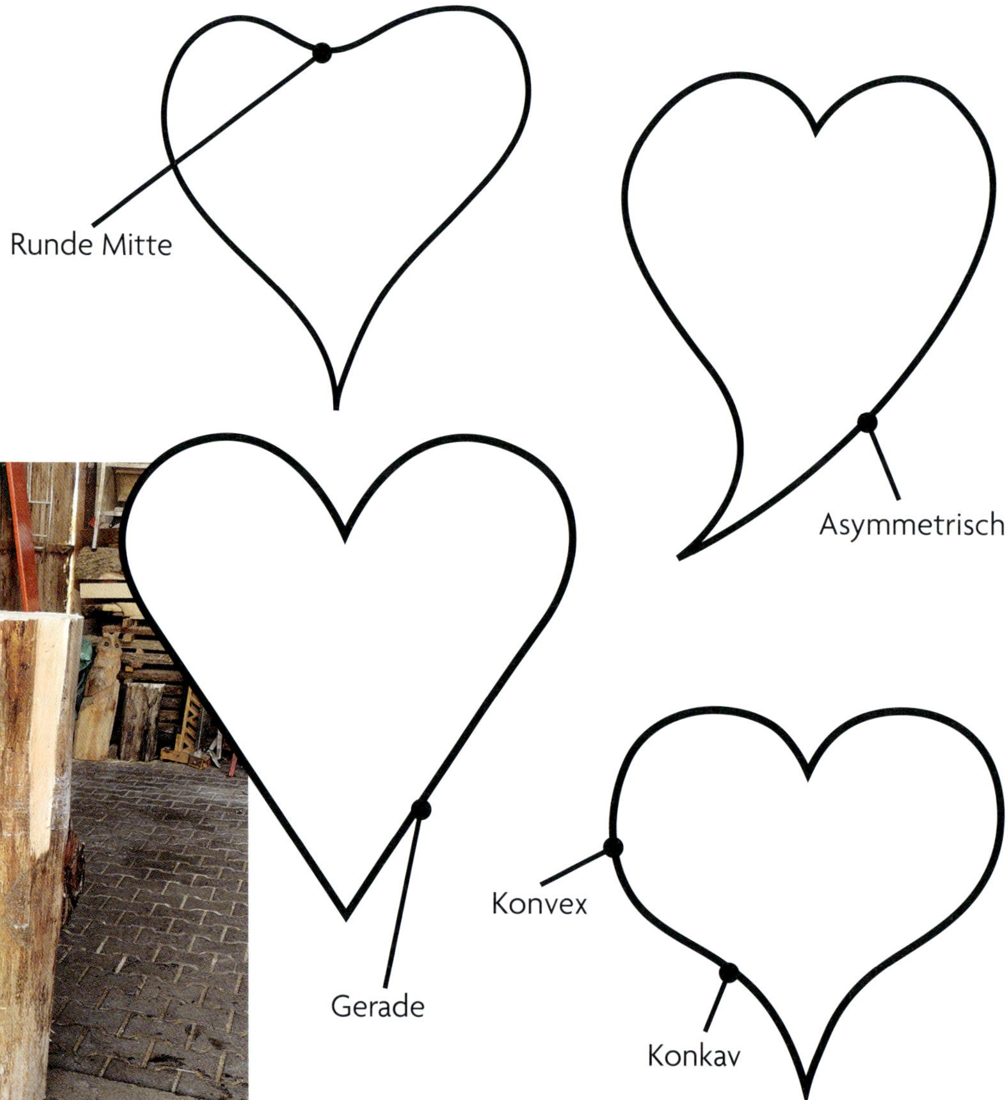

1. Für dieses Projekt habe ich eine Lärche gewählt. Stammdurchmesser 45 cm, Höhe 1,2 m.

GROB AUSBLOCKEN

2. Diesmal fange ich direkt mit dem Ausblocken an und spare mir das Entsplinten. Warum? Weil nur an wenigen Stellen der Skulptur ein Splint ist und ich den dann noch rechtzeitig wegschneiden werde. Erster Schritt: Ich zeichne bzw. kratze die Draufsicht von oben in die Stirnseite des Baumstammes.

3. Ebenso von der Seite.

4. Schnitt 1: Vorderseite bearbeiten.

5. Schnitt 2: Rückseite. Bitte auf die Symmetrie achten.

6. Den Splint entfernen rechts ...

7. ... und das Gleiche links.

8. Jetzt hat man schöne Flächen zum Anzeichnen. Als Erstes zeichne ich immer eine Symmetrieachse, dann das Herz, dann ergibt sich der Rest.

9. Jetzt wird angekratzt. Hier eignet sich z. B. die Akkusäge MS 201 mit einem 30-cm-Carving-Schwert und einer 1,3-mm-Nut am besten. Die Säge ist noch schön leise und Power brauche ich noch keine. Für schöne, lange, gerade Schnitte ziehe ich die Säge mit möglichst flachem Winkel über das Holz.

10. Nun sind alle wichtigen Sägeschnitte zum Ausblocken von vorne angekratzt. Jetzt muss man beim Sägen nur noch exakt in der angekratzten Linie bleiben und es kann eigentlich nichts mehr schiefgehen.

11. Beim Schnitzen arbeitet man sich meistens von oben nach unten. Ich fange also erstmal über dem Herz mit einem waagerechten Schnitt an.

12. Dann noch ein kurzer Schnitt links und rechts ...

13. ... und schon komme ich meinem Ziel wieder etwas näher.

14. Hier wird noch etwas nachgebessert.

15. Sieht doch schon ganz gut aus ...

16. Jetzt wird das linke Zwischenteil entfernt ...

17. Man erkennt, wo die Reise hingeht ...

18. ... und rechts das Gleiche nochmal.

19. Für diese groben Ausblock-Arbeiten eignet sich übrigens bestens diese Stihl MS 361 mit einem 50er-Canon-Ausblockschwert. Die ist nicht zu schwer und hat Power. Die gibt es übrigens mit Griffheizung. Was für ein Luxus. Ich genieße es.

20. Und wieder einen Schritt weiter. Ebenso nachgebessert ....

21. Jetzt kommt ein schwieriger Durchbruch, bei dem ich öfters einstechen muss.

22. Beim Einstechen vorsichtig und konzentriert arbeiten. Nicht zu viel Gas geben. Wenn die Schienenspitze raucht oder zu heiß wird, mal eine Pause einlegen.

23. Hier wird der Krallenanschlag ausgenutzt. Ich wippe mit der Säge nur um wenige Grad nach vorne und hinten und lasse die Säge gegen den Krallenanschlag drücken. So kann ich ohne viel Kraftanstrengung sehr effizient arbeiten.

24. Geschafft, der Teil unter dem Herz lässt sich jetzt auch entfernen.

25. Jetzt blocke ich oben an den zwei Rundungen weiter.

26. Ein kurzer vertikaler Schnitt, ...

27. ... gefolgt von einem 45-Grad-Schnitt.

28. Weiter in der Mitte mit zwei kurzen Schnitten ...

29. ... und rechts ist auch schon fertig.

30. Jetzt werden die Kanten gebrochen.

31. Für exaktes Arbeiten eignet sich hier am besten, wenn man möglichst nahe an der Schienenspitze schneidet.

32. Von vorne ist jetzt alles grob ausgeblockt.

33. Noch kurz einen Schnitt zum Splintentfernen. Natürlich hinten das Gleiche.

34. Jetzt hat man wieder Flächen zum Anzeichnen. Ich beginne mit den Symmetrieachsen der oberen und unteren Blätter. Damit es interessanter aussieht, lasse ich das obere Blatt nach rechts und das untere Blatt nach links schauen.

35. Danach zeichne ich noch die äußeren Ränder der Blätter an.

36. Jetzt ist wieder Zeit, mit der Schienenspitze anzureißen.

37. Man sieht schön den Schwung bei den Blättern.

38. Kann dann auch gleich abgesägt werden.

39. Auf der gegenüberliegenden Seite geht der Schwung der Blätter genau in die entgegengesetzte Richtung. Sieht einfach interessanter aus.

40. Hier säge ich an der rechten Mittelachse ca. 8 cm tief gerade runter.

41. Jetzt kommt einer der schwierigsten Schnitte bei diesem Projekt. Man muss im Gefühl haben, wie tief man mit der Schwertspitze ist, um nicht in die angrenzende Fläche zu schneiden. Schneidet man zu wenig, fällt der Keil nicht raus. Schneidet man zu tief, hat man einen Fehlschnitt in der angrenzenden Fläche. Hier dann evtl. lieber nochmal nachsetzen, wenn man unsicher ist.

42. Schaut schon ganz gut aus.

43. Jetzt entferne ich noch mal insgesamt 4 solcher Keile.

44. Hier sehe ich noch beim oberen Blatt Nachholbedarf. Der Mittelteil sollte noch schlanker werden.

45. Ja, schaut besser aus.

KANTEN BRECHEN

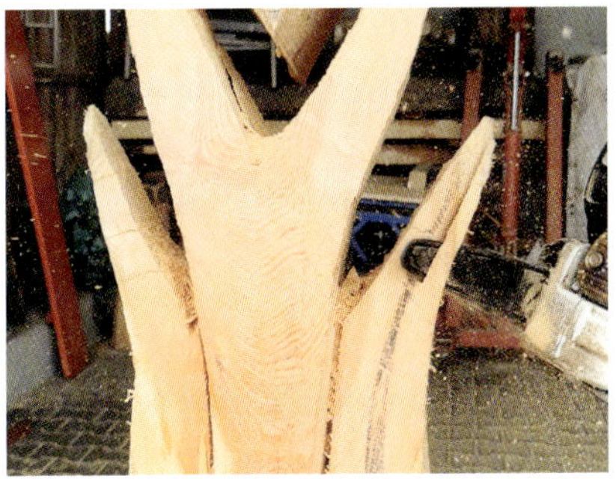

46. Ich mache immer schöne lange Schnitte. Fange wirklich ganz oben an …

47. … und ziehe schön in einem Stück nach unten durch.

48. Das gibt schöne Flächen.

49. Diese Schneidtechnik nennt sich übrigens „Dönerspieß-Technik". Dies ist eine von mir kreierte Bezeichnung, die meines Erachtens die Methode am treffendsten charakterisiert.

50. Immer schön oben anfangen.

51. Ich schneide auch immer nur mit dem vorderen Drittel der Schiene. Da kann man exakter sägen.

52. Und wieder ganz nach unten durchziehen.

53. Hier muss man nochmal aufpassen, dass man unten nicht zu tief reinsägt.

54. Am Boden habe ich mir nochmal ein Opferholz untergelegt, damit ich ja nicht in den hydraulischen Scherentisch säge.

55. So grob passt es mal bis jetzt.

HERZ SÄGEN

56. Als Erstes lehne ich die Skulptur seitlich an meinem Scherentisch an, um meine Kräfte zu schonen. In dieser Position kann ich ergonomischer das Herz anspitzen.

57. Von beiden Seiten sägen und bitte nicht gleich ganz spitz machen. Wir wollen ja noch was zum Nacharbeiten.

58. Jetzt erst mal überall eine 45-Grad-Fase ...

59. ... rund um das ganze Herz anlegen. Wenn es geht, die Schnitte so lange wie möglich an einem Stück durchziehen.

60. Beim Herz-Scheitel aufpassen, dass man nicht in die angrenzende Seite sägt.

61. Hier habe ich das Herz wieder auf den Boden gestellt. So kann man zwar auch sägen, das geht aber mit der Zeit auf die Schultern. Es ist nicht sehr ergonomisch, so zu arbeiten. Schaut aber gut aus.

62. Jetzt ist rund um das Herz eine 45-Grad-Fase fertig angelegt.

63. Nun werden alle Kanten am Herz so oft gebrochen, bis alles schön rund ist.

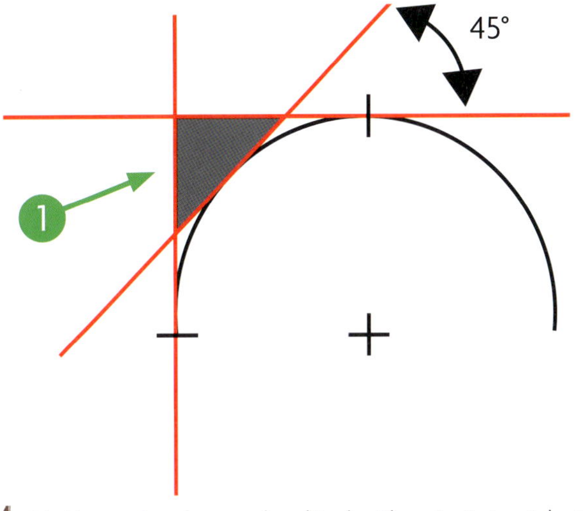

64. Die Kanten brechen nochmal in der Theorie. Erster Schnitt eine 45-Grad-Fase sägen.

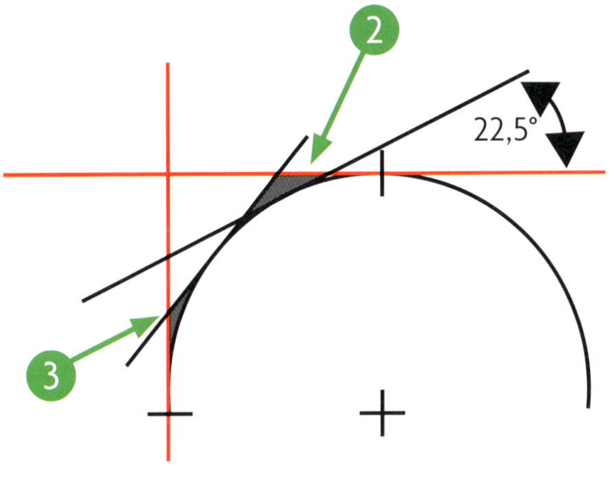

65. Noch zweimal brechen im Winkel von 22,5 Grad und es ist fast perfekt rund.

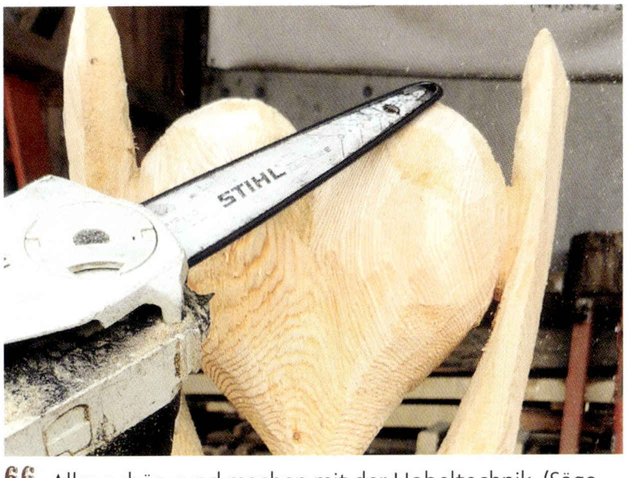

66. Alles schön rund machen mit der Hobeltechnik. (Säge leicht kippen und hin und her bewegen. Mal ist es dann mit der auslaufenden Kette, mal mit der einlaufenden.

67. Als waschechter Bayer, mit der Wiesn praktisch im Blut, kann ich es nicht vermeiden, dass ein Hauch von Dirndl-Charme in meine Herzerl-Schnitzereien mit einfließt. So bekommen die Herzen fast wie von Zauberhand eine wunderbar geschwungene Form. Soviel zur Herzensbildung.

68. Nun widme ich mich wieder dem Rest der Figur. Hier noch den Scheitel bearbeiten.

69. Von links und rechts reinsägen. Was für ein schönes Abfallstück ...

70. Das untere Blatt wird noch etwas harmonischer zugeschnitten.

71. Was auch sehr zügig geht.

72. Noch sieht alles etwas kantig aus.

73. Alle Kanten werden gebrochen, ...

74. ... bis alles schön rund und harmonisch ist.

FLAMMEN, SCHLEIFEN

75. Jetzt kommt es wieder darauf an, diese groben Holzspreißel zu verbrennen bzw. zu entfernen.

76. Man sieht hier schön, wie die Maserung der Lärche zur Geltung kommt.

77. Aber nicht zu dunkel flammen, sonst muss ich nachher alles wieder mühselig heller schleifen.

78. Noch ein wenig mit dem Schleifstern darüber.

79. Alternativ zum Schleifstern kann man auch eine Schleifwalze EZ Sander 22 benutzen.

80. Wer noch will, kann den Winkelschleifer benutzen. Mir ist das jedoch zu viel. Ich möchte lieber noch hier und da ein paar Spuren der Kettensäge sehen. Das hat einen gewissen Charme.

81. War doch gar nicht so wild. Jetzt fehlt nur noch ein Anstrich mit Holzschutz-Öl.

© Michael Hörhager

32. Ich bevorzuge „OSMO UV Schutzöl farblos“. Das ist eines der wenigen farblosen Öle, die auch einen UV-Schutz enthalten. Für den Innenbereich würde auch Leinölfirnis reichen. Das ist ähnlich, nur ohne UV-Schutz.

© Michael Hörhager

MANN IM BAUMSTAMM

1. Die Holzauswahl fiel mal wieder auf eine Eiche mit einem Stammdurchmesser von ca. 40 cm und einer Höhe von 120 cm.

2. In der Natur ist meistens nichts gleichmäßig rund. Hier sieht man schön am aufgeschnittenen Stamm, dass er etwas oval ist. Ich nehme also die breiteste Seite im Oval. Da sind dann bei meinem Mann die breiten Schultern, Beine und Hände am besten integriert.

GROB AUSBLOCKEN

3. Jetzt heißt es erstmal wieder entsplinten.

4. Entsplinten: Wie schon schön im Projekt „Uhu", S. 37, beschrieben.

5. Nach jedem abgesägten Brett einen Schritt nach hinten machen, damit die Kette länger scharf bleibt.

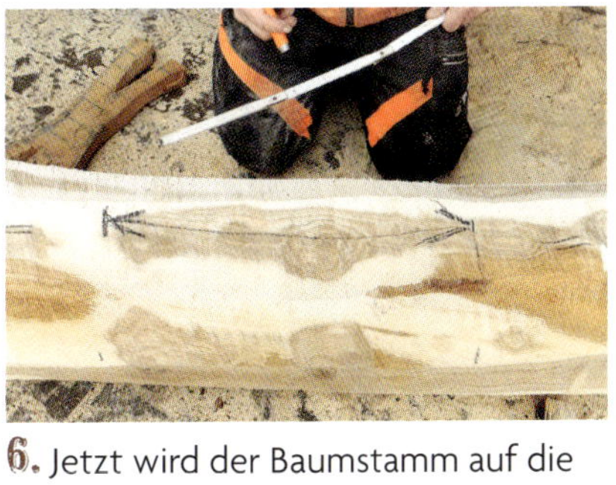

6. Jetzt wird der Baumstamm auf die Seite gelegt. Dann geht es leichter mit dem Anzeichnen. Ich lasse links und rechts etwas Platz. Das wird dann am Schluss der sichtbare unbearbeitete Teil des Stammes. In der Mitte wähle ich ein Maß, das sich gut durch 9 teilen lässt, z. B. 90 cm. So groß wird dann auch unser Mann.

7. Jetzt säge ich erst mal ca. ein Viertel des Durchmessers in den Stamm. Lieber erst mal noch nicht so tief. Was weg ist, ist weg und kann nicht mehr hingezaubert werden.

8. Jetzt Baumstamm wieder aufstellen und von oben nach unten sägen. Dies ist eine sehr ergonomische Arbeitsweise, da ich hier die Schwerkraft der Kettensäge ausnütze. Das spart mir sehr viel Kraft.

9. Die erste Seite ist fertig.

10. Die zweite Seite gegenüber genauso sägen.

11. Wieder ein riesiges Stück ausgeblockt. Jetzt ist der Baumstamm schon um einiges leichter geworden.

12. Es fällt mir jetzt also nicht mehr so schwer, den Baumstamm nochmal umzulegen. Jetzt kann ich in Ruhe 9 gleiche Teile in der Nut anzeichnen.

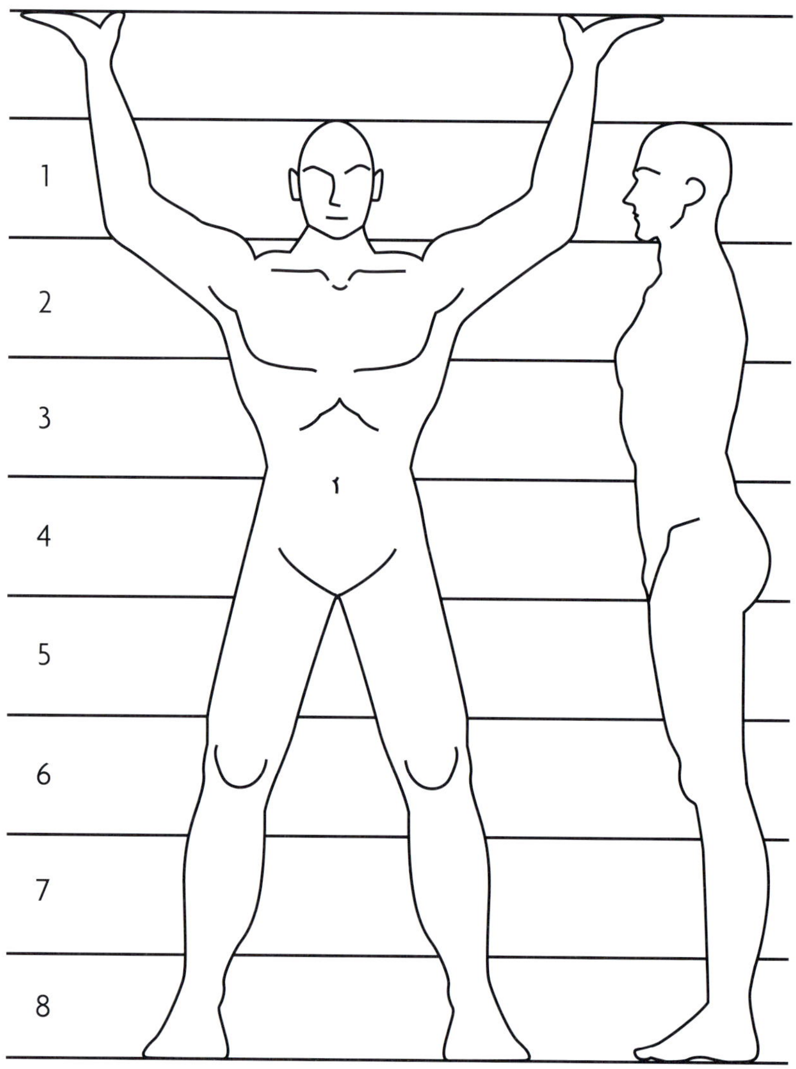

13. Warum 9 Teile? Siehe Skizze. Ich habe den Mann eigentlich in 8 gleiche Teile aufgeteilt, aber unser Mann hat ja die Hände über dem Kopf. Deshalb also 9 Teile.

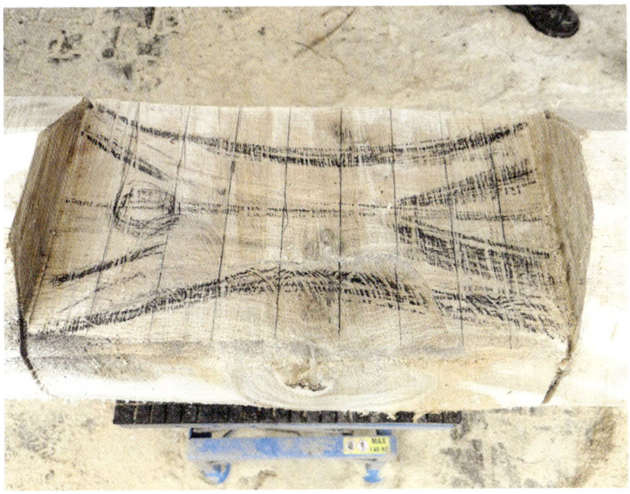

14. Diese Skizze auf das Holz übertragen.

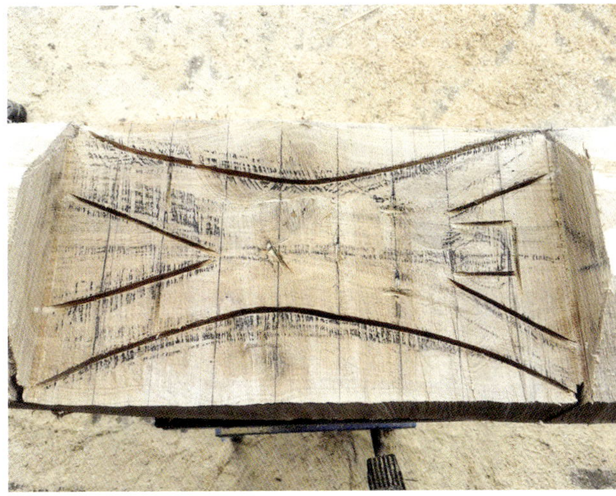

15. Mit der Schienenspitze nur ein paar Millimeter tief einritzen.

16. Jetzt alle eingeritzten Linien komplett nachsägen.

17. Um Kraft zu sparen, säge ich wieder alles, was geht, von oben nach unten.

18. Zwischen den Beinen sägen.

19. Den Kopf freilegen.

20. Hier sauber und konzentriert arbeiten. Dies ist übrigens ein sehr gutes Beispiel für die „Einstech-Technik für sehr enge Konturen“ (Seite 17).

21. Fertig.

22. Jetzt nochmal die 9 gleichen Teile vorne und an der Seite mit Stift anzeichnen. Den Mann von der Seite anzeichnen. Fällt jetzt nicht mehr so schwer, weil ja die vordere Kontur schon sichtbar ist.

23. Die Kontur mit der Säge anritzen. Der Kopf ist noch nicht berücksichtigt.

24. Jetzt wird die seitliche Kontur gesägt, vorne und hinten.

25. Achtung, der Kopf bleibt erst noch unbearbeitet.

26. Also erstmal die Arme freischneiden.

27. Dann kann man auch vorsichtig am Hals schneiden.

28. Natürlich beide Arme freilegen.

29. Man sieht schön, der Kopf ist noch unbearbeitet. Eine Gliederpuppe ist natürlich auch gut als Vorlage.

30. Jetzt säge ich schon mal eine 45-Grad-Fase am Körper. Dann sieht es nicht mehr so eckig aus.

31. Der Kopf kann jetzt auch schon gerundet werden.

32. Dazwischen immer mal einen Schritt zurückgehen und schauen, wo kann ich meinen Mann schlanker werden lassen. Wo sind typische Merkmale, wie Bauchnabel, Knie, Ellbogen, Hüftknochen, Schultern, Waden und bestimmte Muskeln?

33. Die Finger bzw. Hände können auch schon grob angelegt werden. Die Handgröße entspricht ungefähr der Gesichtsgröße.

34. Aber nicht zu viel wegnehmen, da der Sockel relativ viel Masse hat, ist hier eine gefährliche Sollbruchstelle. Je dicker und klobiger die Hände, desto sicherer die Skulptur.

GESICHT

35. Beim Anlegen des Gesichts zeichne ich erstmal die Mitte an. Da kommen dann die Augen hin.

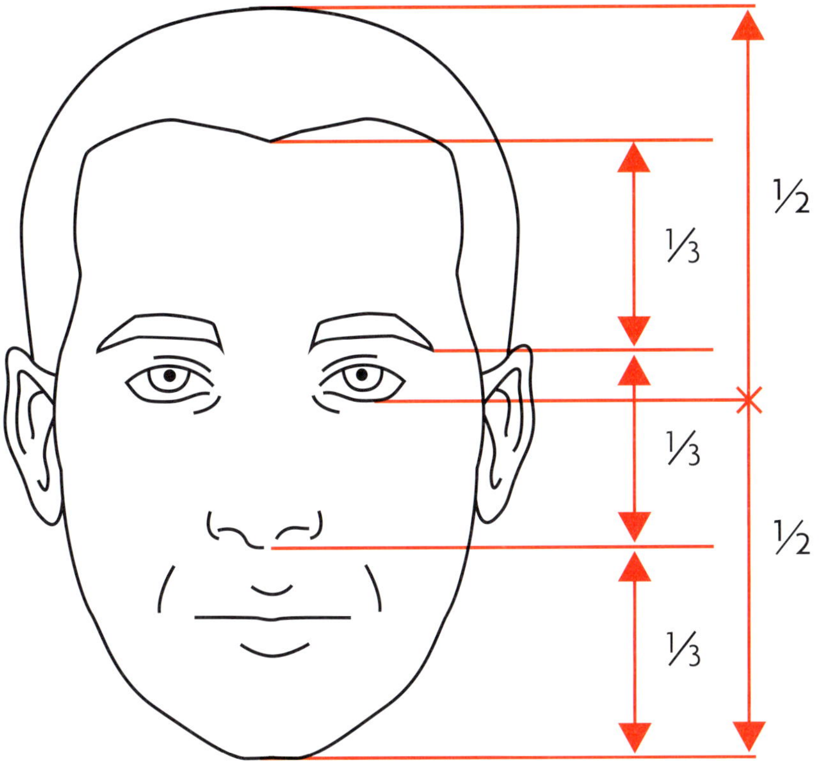

36. In der Mitte sind die Augen. Die Nasenlänge ist ein Drittel des Gesichts.

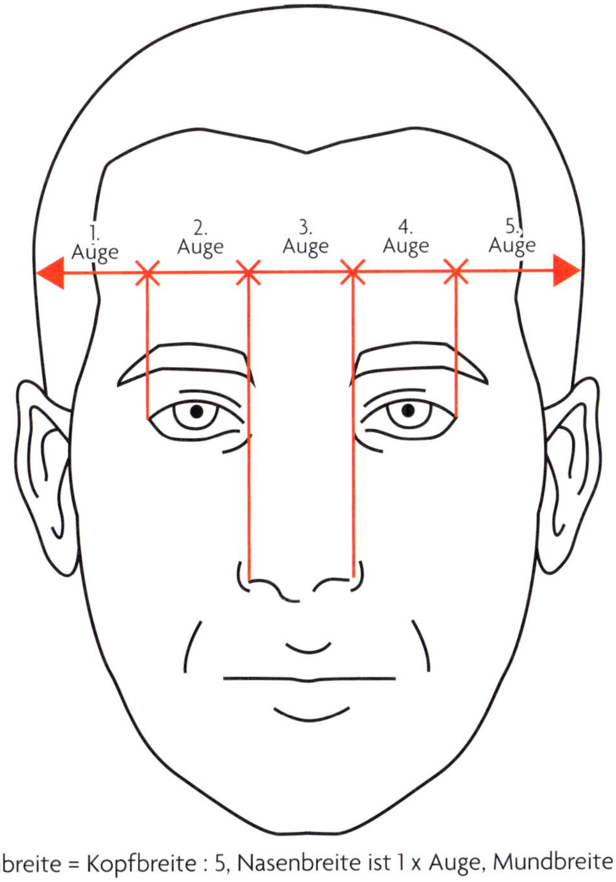

37. Augenbreite = Kopfbreite : 5, Nasenbreite ist 1 x Auge, Mundbreite = 2 x Auge.

38. Die Nase wird freigelegt, indem ich die Augenhöhlen, Mund und Kinn nachsetze.

39. Mehr geht nicht mit der Kettensäge.

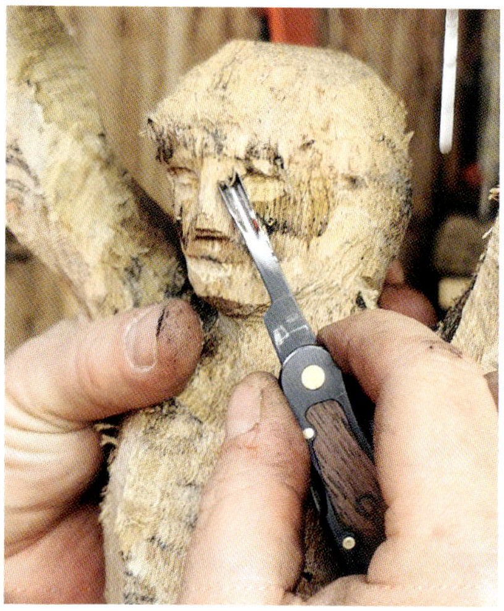

40. Wer will, kann noch mit dem Schnitzeisen bei den Augen Details nacharbeiten. Hier sind keine Grenzen gesetzt.

41. Die Rippen andeuten.

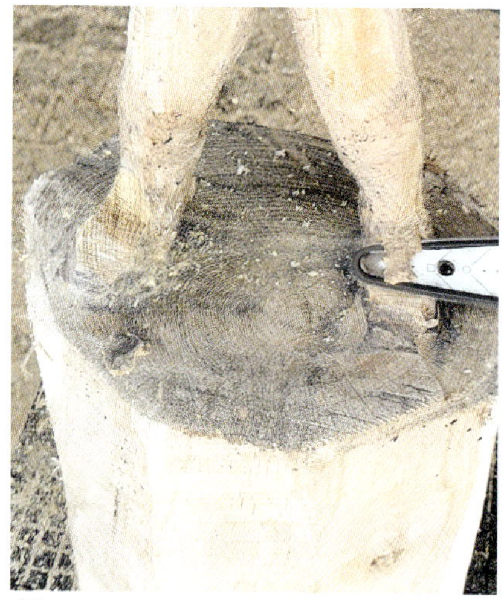

42. Füße, Waden, Ferse – alles noch etwas schlanker werden lassen.

43. Die Füße nach vorne mit einem leicht geöffneten Winkel schnitzen.

44. Der Mann ist erstmal fertig. Der Reiz an dieser Skulptur ist, wenn man hier und da noch grobe Spuren der Kettensäge sieht.

SOCKEL

45. Alle Kanten am Sockel so oft brechen, ...

46. ... bis alles schön rund ist.

47. An allen vier Stirnseiten des Sockels eine schöne Fase absägen.

48. Die Hände habe ich jetzt noch mal korrigiert und an die Fasenfläche angepasst.

49. Jetzt ist die Skulptur bereit zum Abflammen.

50. Nicht zu dunkel abflammen, Hauptsache, die groben Holzspreißel sind weg.

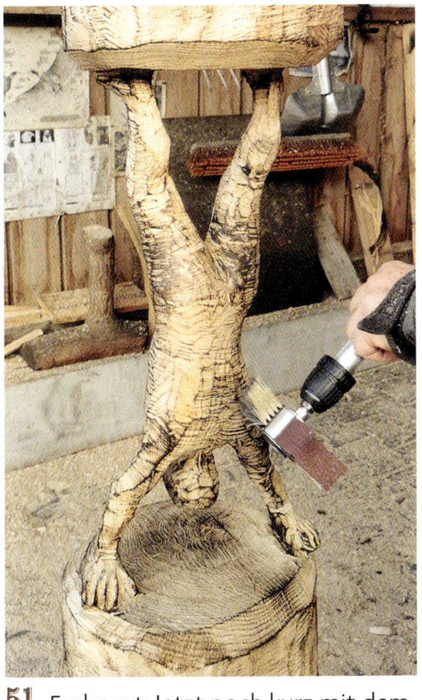

51. Endspurt: Jetzt noch kurz mit dem Schleifstern überall darübergehen.

52. Fertig, jetzt ist auch alles wieder etwas heller geworden. Nun fehlt nur noch ein Holzschutz-Öl. Dann kommt auch die Maserung des Holzes noch schöner zur Geltung.

© Michael Hörhager

53. Ich bevorzuge „OSMO UV Schutzöl farblos". Das ist eines der wenigen farblosen Öle, die auch einen UV-Schutz enthalten. Für den Innenbereich würde auch Leinölfirnis reichen. Das ist ähnlich, nur ohne UV-Schutz.

ADLERKOPF

Vorweg möchte ich sagen, dass der Adlerkopf an sich gar nicht so leicht zu schnitzen ist. Wenn man sich allerdings ein paar typische Merkmale ins Gedächtnis ruft und diese dann beim Schnitzen mit einfließen lässt, kann eigentlich nichts schiefgehen. Diese wären:

- Finsterer, gemeiner, böser Blick
- Hakenschnabel (der muss sich doch in der Nacht mit seinem Schnabel an einen Baumast hängen können, um zu schlafen)
- Aerodynamische Strähnchen-Frisur
- Flacher Kopf

GROB AUSBLOCKEN

1. Ich beginne mit einer Skizze und versuche, die typischen Merkmale gleich mal hervorzuheben. Der Kopf sollte dann nur noch von ein paar Federn auf dem Sockel gehalten werden.

2. Die Holzwahl fiel auf eine Eiche mit einem Stammdurchmesser von ca. 45 cm und einer Höhe von 55 cm. Ich zeichne mir schon mal eine Mittellinie an.

3. Als Erstes bringe ich den Kopf ganz grob in Form, um dann später besser anzeichnen zu können. Das wird die rechte Kopfseite.

4. Dann symmetrisch die linke Seite.

5. Hinterkopf runden,

6. Schnabel runden.

7. Jetzt habe ich eine schöne Fläche, um den Kopf anzuzeichnen.

8. So sollte er dann ungefähr aussehen.

9. Dann kratze ich noch mit der Schienenspitze die aufgemalten Konturen an.

10. Grob ausblocken der Konturen.

11. Das sieht dann so aus.

12. Den Schnabel, von oben gesehen, erst mal grob anspitzen.

13. Rechte Kopfseite ...

14. ... und ebenso die linke.

15. So sieht es von oben aus.

16. Den Hinterkopf abrunden.

17. Den Kopf auf beiden Seiten schmaler schnitzen.

18. Unter dem Schnabel muss noch viel weg. Ankratzen.

19. Kleine Dreiecke unter dem Schnabel wegsägen.

20. Der Rest kann schön mit der Schienenspitze gerundet werden.

21. Man erkennt schon den typischen Hakenschnabel.

22. Sieht noch etwas eckig aus

23. Unter dem Schnabel den Hals runden.

24. Den Schnabel noch etwas zuspitzen.

25. Man erkennt schon, was es werden soll

26. Schön langsam vortasten. Der Kopf ist immer noch zu breit.

27. Schon mal die Position der Augen anmalen.

28. Unterhalb der Augenbraue was wegnehmen, damit die Augenbraue besser hervorsticht. Ziel ist es, einen finsteren, bösen Blick zu schaffen.

29. Den unteren Schnabel noch etwas abrunden.

30. Genick-Freilegung ankratzen ...

31. ... und mit 2 groben Schnitten das Dreieck entfernen.

32. Die Augengröße auswählen.

33A. Achtung sehr wichtig: Augen fräsen.

Info: Blickrichtung und Position
Hier ist es sehr entscheidend, welche Blickrichtung und Position die Augen haben. Verallgemeinernd kann man sagen, dass Pflanzenfresser und Fluchttiere[33] (Herbivoren) ihre Augen seitlich vom Kopf angeordnet haben. Beispiele sind Pferd, Rind, Eichhörnchen, Taube. Diese seitliche Augenposition bietet ein weites Sichtfeld, was sie in die Lage versetzt, Bewegungen um sich herum besser zu erfassen, auch wenn sie gerade fressen. Dies ist für die frühzeitige Erkennung von Raubtieren und für ihre Fluchtstrategien wichtig. Fleischfresser und Jäger[34] (Karnivoren) hingegen haben ihre Augen frontal nach vorne ausgerichtet. Beispiele sind Adler, Uhu, Hund, Katze, Mensch. Diese Sicht ermöglicht eine bessere räumliche Wahrnehmung und erleichtert das Abschätzen von Entfernungen, was für das erfolgreiche Jagen und Beute-Ergreifen von Vorteil ist. Was heißt das jetzt für mich in der Praxis? Wenn ich einen Adler schnitze und die Augen seitlich platziere wie bei einem Pflanzenfresser, wird der Adler immer einer Friedenstaube ähnlich sein.

© Susann Opel-Götz

33B. Ich frage mich gerade an dieser Stelle, was die Evolution eigentlich mit unseren Vegetariern vorgesehen hat?

[33] https://de.wikipedia.org/wiki/Pflanzenfresser vom 24. April 2024

[34] https://de.wikipedia.org/wiki/Fleischfresser vom 24. April 2024

34. Blickrichtung frontal.

35. Unteren Schnabel anzeichnen ...

36. ... und vorsichtig sägen.

37. Sieht doch schon sehr gut aus.

38. Das Schnabel-Ende und den Mundwinkel-Auslauf bearbeiten.

39. Sieht dann von vorne so aus. Die Mundwinkel sollten nach unten hängen. Er soll ja möglichst böse aussehen.

FRISUR MIT STRÄHNCHEN

40. Ich zeichne erst mal die Richtung der Frisur an. Dabei achte ich gleich darauf, dass eine gewisse Drehrichtung zu erkennen ist. Wie wenn der Kopf gerade in einer Drehbewegung wäre. So wirkt das Ganze gleich noch viel dynamischer.

41. Hier bekommt der obere Kopf ein paar Strähnchen. Einfach ein paar lange Striche mit der Schienenspitze im versetzten Winkel nachziehen.

42. So sieht das Ganze von der Seite aus.

43. Jetzt kommt die Frisur einmal rund um den Hals dran.

44. Immer ein paar einzelne Strähnchen herausarbeiten.

45. Die Tiefe ist erstmal nur 3–4 cm.

46. Ab jetzt arbeite ich mich noch tiefer bis etwa zur Mitte des Halses vor. Die Schienenspitze zeigt immer in Richtung Halsmitte.

47. Dadurch entsteht jetzt automatisch ein Hohlraum, den ich noch weiter aushöhlen werde.

SOCKEL

48. Hinterer Sockel-Schnitt.

49. Vorderer Sockel-Schnitt.

50. Die vorderen Federn über dem Sockel herausstehen lassen.

51. Seitliche Sockel-Schnitte.

52. Ebenfalls noch was stehen lassen, damit noch einige Federn überstehen können.

53. Die über dem Sockel stehenden Federn von links ...

54. ... und rechts herausarbeiten.

55. Auch auf einen schönen Schwung der Federn achten.

56. Natürlich noch die Außenkontur der Feder beschneiden.

57. Das Ganze um den ganzen Sockel herum wiederholen, ...

58. ... bis alle gewünschten Federn über dem Sockel stehen.

59. Das Sockeldach noch etwas sauber putzen.

60. Sieht doch schon besser aus.

61. Jetzt ist der Kopf bereit zum Flammen. Man sieht wieder sehr schön die groben Holzspreißel, die man niemals mit dem Winkelschleifer oder dem Schleifstern entfernen könnte. Diese werden einfach abgeflammt.

62. Für diese kleinen Flächen reicht mir diesmal der kleine Hand-Gasbrenner.

63. Nicht zu dunkel flammen, Hauptsache, die Holzspreißel sind alle weg.

64. Hier schnitze ich noch mit einem Schnitzmesser die Tränensäcke der Augen nach. Je mehr Details man in einer Figur unterbringt, desto realistischer wirkt sie auch.

65. Dann gehe ich nochmal mit dem Schleifstern überall hin, um alles schön sauber zu bekommen.

66. Mit dem Winkelschleifer, bestückt mit einer 60er-Fächerscheibe, kann man auch noch mal grob drübergehen. Aber nichts übertreiben.

67. Jetzt fehlt noch das I-Tüpfelchen: Weiße Acrylmalfarbe.

68. Damit erzeugt man den Glanz in den Augen. Wenig Aufwand, großer Effekt.

69. Erstmal geschafft. Jetzt fehlt nur noch ein Anstrich mit Holzschutz-Öl.

70. Ich bevorzuge „OSMO UV Schutzöl farblos". Das ist eines der wenigen farblosen Öle, die auch einen UV-Schutz enthalten. Für den Innenbereich würde auch Leinölfirnis reichen. Das ist ähnlich, nur ohne UV-Schutz.

NACH DEM SCHNITZEN

© *Michael Hörhager*

OBERFLÄCHENBEHANDLUNG

Flammen

Das Abflammen von Holz, auch als Flambieren oder Versengen bekannt, ist eine Technik, bei der die Oberfläche des Holzes kurzzeitig einer Flamme ausgesetzt wird. Dies geschieht üblicherweise mit Hilfe eines **Dachdeckerbrenners**[35], kleinere Handbrenner oder Creme-Brûlée-Brenner, alle natürlich mit Gas betrieben.

Die Hitze bewirkt einen Farbwandel an der Holzoberfläche und verstärkt die Maserung, was mir hilft, die Konturen einer Skulptur besser hervorzuheben. Man kann quasi richtig zeichnen mit dem Brenner. Zusätzlich zu diesem Aspekt hat das Abflammen von Holz auch einen holzschützenden Effekt. Durch das Abbrennen der Oberfläche entstehen kohlenstoffreiche Schichten, die das Holz bis zu einem gewissen Grad vor Umwelteinflüssen schützen können. Dies umfasst:

1. **Witterungsschutz:** Die Oberflächenschicht kann das Holz resistenter gegenüber Feuchtigkeit, UV-Strahlung und anderen Witterungseinflüssen machen.
2. **Insektenschutz:** Die geflammte Oberfläche kann für manche Holzinsekten unattraktiv sein, was zu einem gewissen Schutz vor Befall führen kann.
3. **Fäulnisschutz:** Die durch die Hitzebeeinflussung veränderte Struktur der Holzoberfläche kann die Anfälligkeit für Fäulnisprozesse herabsetzen.

Es ist jedoch wichtig zu beachten, dass das Abflammen von Holz nicht zu vergleichen ist mit tiefergehenden Holzschutzbehandlungen, die mit Holzschutzmitteln durchgeführt werden. Diese sorgen in der Regel für einen umfassenderen Schutz gegen Pilze, Insektenbefall, Feuchtigkeit und Fäulnis.

4. **Der wahre und bedeutendste Grund für das Abflammen ist jedoch folgender: Beim Sägen entstehen grobe Holzspreißel, die man nur sehr schwer mit noch so viel Spezialwerkzeug vernünftig entfernen kann. Diese werden einfach abgeflammt. Der Witterungs-, Insekten- und Fäulnisschutz ist hier lediglich ein nützlicher Nebeneffekt.**

Schleifen

Nach dem Flammen wird geschliffen. Hier reicht ein normaler Akkuschrauber mit einem sogenannten **Schleifstern**[36]. Der Materialabtrag beim Schleifstern ist nicht sehr groß. Hier werden eher noch einmal alle Vertiefungen gesäubert. Die groben abgebrannten Holzspreißel fallen ebenfalls mühelos weg. Alternativ zum Schleifstern kann ich noch eine **Schleifwalze**[37] von Manpa Tools empfehlen.

Bleibt noch der Winkelschleifer mit einer groben (60er-Korn) Fächerscheibe. Bedingt durch den relativ großen Materialabtrag kann man hier mit dem **Winkelschleifer** gut noch einige Reliefs und Strukturen hervorheben bzw. zeichnen.

Airbrush

Optional könnte man noch mit **Airbrush** einige Highlights hervorheben. Dieses Thema ist jedoch Geschmackssache. Ich persönlich finde, man sollte schon noch die typische Charakteristik des geschnitzten Holzes sehen, die dann bei zu starker Verwendung von Farbe schnell in den Hintergrund treten kann.

Ölen oder Lasieren

Lasuren und Öle dienen dazu, das Holz zu schützen und das Aussehen zu verbessern. Auch wird hier die Rissbildung durch die langsame Austrocknung des Holzes verringert. Hier sind die Grundlagen zu beiden:

LASUR

- Schutz vor UV-Strahlung, Feuchtigkeit und Schädlingsbefall.
- Betont die Holzmaserung und verändert oft leicht die Farbe des Holzes.
- Bildet eine schützende Schicht auf der Oberfläche, die je nach Zusammensetzung transparent oder pigmentiert sein kann.

---

[35] https://www.arbeitsbedarf24.de/Gasbrenner-Dachdecker-Abflammgeraet-Gasbrenner vom 22. April 2024

[36] https://holzkunst-scholz.de/products/schleifstern vom 22. April 2024

[37] https://drechslershop.de/werkzeuge/elektrowerkzeug/manpa-tools/schleifmittel/ez-sander-22 vom 22. April 2024

ÖL

- Zieht in das Holz ein und schützt von innen heraus.
- Erhält die natürliche Haptik des Holzes und betont die Maserung, ohne eine Schicht auf der Oberfläche zu bilden.
- Schützt das Holz vor Austrocknung und verbessert die Widerstandsfähigkeit gegenüber dem Eindringen von Feuchtigkeit.
- Muss oft nachgeölt werden, um den Schutz aufrechtzuerhalten.

Beide Produkte helfen dabei, das Holz zu pflegen und seine Lebensdauer zu erhöhen, wobei Öle eine nährstoffreiche Pflege bieten und Lasuren eher für ihren Schutz vor äußeren Einflüssen bekannt sind.

Mein persönlicher Favorit für den Erhalt des natürlichen Holzcharakters ist „OSMO UV Schutzöl farblos“[38], was leider auch nicht ganz billig ist.

© Michael Hörhager

AUFSTELLEN GROSSER UND KLEINER SKULPTUREN

Dünne, hohe Skulpturen, die durch einen kleinen Windstoß schon zum Umfallen neigen, sollte man am Boden mit einer entsprechend großen Platte aus Metall oder Holz von unten festschrauben.

Normal große Skulpturen, wie unser Uhu, das Herz in Flammen usw., sind nicht durch Umfallen gefährdet, jedoch sollte man darauf achten, dass sie keinen direkten Kontakt mit dem Boden haben. Zwischen Boden und Skulptur sollten schon ca. 1–2 cm Luft sein, damit sich am Boden keine Staunässe bildet (konstruktiver Holzschutz). Das Holz kann so von oben und unten gleichmäßig trocknen, was ebenso noch gegen die Rissbildung hilft. Hier eignen sich einfach ein paar entsprechend große **Holzleisten**, Kieselsteinchen oder Ähnliches.

Das direkte Aufstellen einer Skulptur im **Erdreich** sollte unter allen Umständen vermieden werden, da dies den Verfall des Materials erheblich beschleunigen würde.

Für größere Skulpturen, die beim Umfallen eine potenzielle Gefahr für Mensch und Umgebung darstellen könnten, empfiehlt sich die Vorbereitung eines festen

© Michael Hörhager

Fundaments. Hierfür können beispielsweise L-förmige Pfostenträger verwendet werden, die in Beton eingelassen und dann sicher mit der Skulptur von außen verschraubt werden.

[38] https://www.holz-kunz.de/osmo-uv-schutz-oel?number=100107.1&sPartner=gshopping&gad_source=1

RISSE IM HOLZ

Alle verwendeten Hölzer für Kettensäge-Schnitzereien sind in der Regel frisch geschlagen, oft nur wenige Monate alt. Beim Austrocknen nach dem Schnitzen entstehen, abhängig von Holzart und Dauer der Trocknungsphase, Risse in der Skulptur. Diese Risse lassen sich in ihrer Größe und Häufigkeit nur geringfügig beeinflussen. Holz ist ein Stück lebende Natur und durchläuft beim Austrocknen einen fortwährenden Wandlungsprozess, wodurch Risse entstehen. Risse sind normal und kennzeichnen den natürlichen Charakter des Holzes. Mein Motto lautet daher:

„Wer mit diesen Rissen nicht leben kann, sollte sich etwas aus Beton oder Kunststoff suchen."

Warum reißt Holz?

Risse im Holz entstehen meistens durch ungleichmäßiges Schrumpfen beim Trocknen. Das Holz verliert Feuchtigkeit und zieht sich zusammen, was zu Spannungen im Material führt. Da es nicht überall gleichmäßig schrumpft, bilden sich manchmal Risse. Schnelles Trocknen sowie starke Sonneneinstrahlung und Wind können die Rissbildung verstärken.

Wie können Risse vermieden werden?

Langsame Trocknung: Frisches Holz sollte langsam und gleichmäßig, idealerweise unter kontrollierten Bedingungen, getrocknet werden.

Witterungsschutz: Schutz vor direkter Sonneneinstrahlung, Regen und Wind, eventuell durch Überdachungen oder das Platzieren in geschützten Bereichen.

Kern entfernen: Da das Holz meistens zum Kern hin reißt, hilft dessen Entfernung, Risse vorzubeugen.

Astlöcher vermeiden: Bei der Auswahl des Holzes auf einen geraden Faserverlauf und wenige Astlöcher achten.

Verwendung von Holzschutz-Öl oder Lasuren: Wie bereits in Kapitel „Oberflächenbehandlung", S. 122 f., beschrieben, kann die Applikation von Holzschutzmitteln zu einer langsameren und gleichmäßigeren Austrocknung beitragen.

© Michael Hörhager

Holzblöcke verleimen: Es gibt auch die Möglichkeit, mehrere kleinere, kernfreie Holzteile zu einem großen Block zu verleimen, anstatt der Verwendung eines ganzen Baumstammes. Dieser Ansatz ist jedoch sehr aufwändig, extrem kostspielig und in der Praxis unpraktikabel.

Wie können Risse provoziert werden?

Dies ist kein übliches Vorgehen, sollte jedoch aufzeigen, was man vermeiden sollte, um Risse nicht zu provozieren.

Der Witterung aussetzen: Schutz vor Witterung, wie Sonne, Regen und Wind, ist essenziell.

Schnelle Trocknung: Man sollte beispielsweise vermeiden, frisch geschlagenes Holz ins Wohnzimmer zu bringen und neben einen Kachelofen zu stellen.

Fazit: Ein idealer Ort wäre eine Überdachung, unter der die Skulptur weniger dem Regen und der Sonne ausgesetzt ist. Lässt es sich nicht vermeiden, die Skulptur im Freien aufzustellen, ist es wahrscheinlich, dass auf der südlichen Seite, wo die Sonneneinstrahlung am größten ist, Risse entstehen. Deshalb drehe ich einen frisch geschnitzten Uhu zunächst mit dem Rücken nach Süden, da Risse dort am wenigsten stören. Sind die Risse einmal entstanden, kann die Skulptur dann wieder beliebig ausgerichtet werden. Es entstehen vermutlich keine neuen großen Risse mehr.

LEIMARTEN

Beim Kettensägenschnitzen ergeben sich oft Herausforderungen in Bezug auf die Verfügbarkeit von Baumstämmen in der passenden Größe. Sollten einmal **größere Holzblöcke** erforderlich sein, kommen verschiedene Leimarten zum Einsatz, um kleinere Stücke sicher zu einem großen Block zu verbinden oder Risse mittels Holzkeile auszubessern.

Wichtig zu beachten ist, dass Holzleime in der Regel nicht **unter 5 Grad Celsius** gelagert werden sollten. Andernfalls kann ihre Klebkraft nachlassen. Lagerräume, wie Garagen oder Anhänger, in denen die Temperatur unter diesen Wert fällt, sind also ungeeignet. Ich spreche hier leider nur aus Erfahrung.

D3-Leim, offiziell als wasserfester Holzleim für Innenbereiche klassifiziert, empfiehlt sich für Anwendungsbereiche, die gelegentlich Feuchtigkeit ausgesetzt sind – beispielsweise Küchen oder Bäder. Dieser Leimtyp ist für Schnitzwerke, die im Außenbereich zum Einsatz kommen, **leider nicht ideal**. Ein Beispielprodukt aus dieser Kategorie ist der Soudal Pro 30D.

Für **Außenanwendungen**, insbesondere wenn die Schnitzwerke **Witterungseinflüssen** ausgesetzt sind, erweist sich der **D4-Leim** als überaus geeignet. Diese Leimart auf PU-Basis härtet in Gegenwart von Wasser aus und quillt dann noch etwas auf, was das **Füllen von Spalten** bis zu einigen Millimetern Breite ermöglicht. Es reicht völlig aus, wenn die zu verleimenden Stellen **sägerauh** sind. Es muss nicht gehobelt werden.

Der Aushärtungsprozess kann durch das leichte Befeuchten der zu verleimenden Oberflächen mit einem Wassersprüher beschleunigt werden, wodurch ebenfalls die spaltausfüllenden Eigenschaften gesteigert werden. Es ist entscheidend, bei Verwendung dieses Leims kräftige Zurrgurte und mechanische Befestigungen, wie

© Michael Hörhager

Schrauben oder Holzdübel, zur seitlichen Fixierung einzusetzen, um den enormen hydraulischen Kräften des aushärtenden Klebstoffs entgegenzuwirken. Ein zügiges Arbeiten und die Unterstützung durch eine zweite Person sind hierbei von Vorteil, insbesondere, da die Aushärtungszeit relativ kurz ist.

Um gesundheitliche Risiken zu minimieren, ist direkter Hautkontakt und Einatmen von Dämpfen von diesem Leim zu vermeiden.

Außerdem sollte er nach dem Öffnen zeitnah aufgebraucht werden, da er nicht lange lagerfähig ist.

Für robuste, wetterbeständige Verleimungen im Außenbereich empfehlen sich Produkte wie der **Soudal Pro 45P** oder **Soudal Pro 40P** – beides hervorragende Beispiele für PU-Holzleime, die den hohen Anforderungen der Großen Skulpturen im Freien gerecht werden.

Mir ist bewusst, dass es zahlreiche andere Hersteller von PU-Holzleimen gibt, deshalb basieren meine Empfehlungen auf den Produkten von Soudal – einer Marke, mit der ich im Rahmen meiner langjährigen Tätigkeit im Kettensägenschnitzen ausgesprochen positive Erfahrungen gesammelt habe. Die Qualität, Verarbeitbarkeit und die Ergebnisse mit Soudal Leimen haben mich stets überzeugt, daher stelle ich diese Produkte in diesem Zusammenhang in den Vordergrund.

Es ist jedoch anzumerken, dass jeder Schnitzer seine eigenen Erfahrungen mit unterschiedlichen Produkten machen kann und sollte, um das für seine individuellen Bedürfnisse und Arbeitsweisen optimale Material zu finden.

ANHANG

NÜTZLICHE LINKS

Stihl.de
Grube.de (nützliches Carving-Zubehör)
cannonbar.com (Schnitzschienen-Hersteller)
powercarving.de (nützliches Carving-Zubehör)
theharrycane.de (Mini-Troghöhler)
eder-maschinenbau.de (kleine und große Troghöhler, Augenfräßer)
allgäucarving.de (Landkarte, wo es Schnitzkurse in der Nähe gibt)
feinewerkzeuge.de (nützliches Profi-Werkzeug)
sonderkraftstoff24.de (Benzin und Öl)
drechslershop.de (nützliches Carving-Zubehör)
ritsche-ratsch.jimdofree.com (der Autor)
Pinterest.de (nützliche Vorlagen, Ideenfindung)

DANKSAGUNG

Mit einem Gefühl der Freude und Dankbarkeit möchte ich die Gelegenheit nutzen, jene zu würdigen, die mich auf dem Weg zur Vollendung dieses Buches unterstützt haben.

Ein besonderer Dank gilt zuallererst meiner Frau Gabi und unserer Tochter, deren unermüdliche Geduld und wertvolle konstruktive Kritik für mich über die vielen Wochenenden, die ich in mein Hobby vertieft war, eine unverzichtbare Stütze darstellten. Ich bin mir bewusst, wie viel Zeit ich dem Schnitzen gewidmet habe, und ich hoffe, dass ich Euch nach der Veröffentlichung dieses Buches mehr von meiner Zeit schenken kann. Mit der zuversichtlichen Annahme, dass nun weniger Schnitzkurse auf meiner Agenda stehen werden, da sich nun jeder in die Kunst des Kettensägenschnitzens selbst einlesen kann.

Ein ganz besonderer Dank gehört auch Martina Gast aus dem Allgäu, einer großartigen Motorsägenschnitzerin, die zu Beginn meiner Karriere eine unersetzliche Mentorin und Förderin für mich war. Martina, ohne Deine Ermutigung und Dein Vertrauen wäre ich vielleicht niemals so weit gekommen, wie ich es heute bin. Ich verdanke Dir viel und freue mich schon auf unser nächstes Wiedersehen beim Schausägen.

Mein Dank erstreckt sich ebenfalls auf all meine Freunde, die selbst keine Holzwürmer sein mögen, aber nichtsdestoweniger immer ein offenes Ohr für meine unzähligen Geschichten rund um das Thema Holz hatten. Eure Geduld und euer Interesse an meinem Schaffen haben mir stets das Gefühl gegeben, nicht allein zu sein – dafür danke ich euch von ganzem Herzen. Abschließend möchte ich meinen Freund Klaus mit seinem Bauernhof erwähnen, der mit einer bemerkenswerten Offenheit und einem Vertrauensvorschuss alles möglich gemacht hat. Trotz des Lärms der Sägen und der Flut an Holzspänen, die unweigerlich an meinem Schnitzplatz entstanden sind, hast du einen wertvollen Raum für Kreativität und Handwerk geöffnet. Dafür danke ich dir zutiefst.

Jede dieser Personen hat auf einzigartige Weise dazu beigetragen, meinen Traum Wirklichkeit werden zu lassen: die Faszination und Techniken des Kettensägenschnitzens in einem Buch zu vereinen. Euch allen gilt mein aufrichtiger Dank.

Aus unserem Programm

ISBN 978-3-7020-1818-4

ISBN 978-3-7020-1801-6

ISBN 978-3-7020-1234-2

ISBN 978-3-7020-1587-9

ISBN 978-3-7020-1466-7

ISBN 978-3-7020-1057-7

Leopold Stocker Verlag

Graz – Stuttgart

www.stocker-verlag.com